sur la musique comme langage

pour étudiants en musique

Accueil Ethel

Writat

Cette édition parue en 2024

ISBN : 9789359942407

Publié par
Writat
email : info@writat.com

Contenu

PRÉFACE

Les conférences suivantes ont été données à des étudiants en musique entre les années 1907 et 1915. Elles ont été en partie réécrites afin d'être intelligibles pour un public différent, car dans tous les cas les conférences étaient suivies d'une discussion au cours de laquelle divers points non traités dans le les cours ont été élucidés.

Une expérience de huit ans dans l'organisation d'un cours de formation pour les étudiants qui souhaitent enseigner la formation auditive selon des méthodes modernes à des classes d'enfants moyens dans le cadre du programme ordinaire d'une école m'a montré que le plus grand besoin de ces étudiants est de prendre conscience des problèmes. non seulement de l'éducation musicale, mais de l'enseignement *général* .

En raison de la nature de toute œuvre d'art, l'artiste est trop souvent enclin à voir la vie en référence à son seul art. C'est pour cette raison qu'il a parfois du mal à s'adapter aux exigences de la vie scolaire. Il a vaguement le sentiment que son art compte bien plus pour le monde que des choses telles que la grammaire et la géographie ; mais lorsqu'on lui demande de donner les raisons de sa foi, il ne parvient pas toujours à convaincre ses auditeurs.

Il ressent avec Ruskin que :

« La fin de l'Art est aussi sérieuse que celle d'autres belles choses : le ciel bleu, l'herbe verte, les nuages et la rosée. Soit ils sont inutiles, soit ils ont une fonction bien plus profonde que celle de divertir.

Mais il n'a pas toujours le don des mots pour décrire cette fonction.

Nous voulons que nos artistes et leurs visions, et ceux d'entre eux qui peuvent réaliser une perspective dans laquelle leur art prend place aux côtés d'autres forces éducatives, soient parmi les éducateurs les plus précieux de la génération montante.

LA MAISON D'ÉTHEL.
KENSINGTON,
janvier 1916.

CHAPITRE I

LA FORMATION DU PROFESSEUR DE MUSIQUE

Considérons le cas d'une jeune fille qui a terminé ses études scolaires et les a complétées par un cours spécial de travaux techniques en musique, qui a abouti à l'obtention d'un diplôme de musique. Elle souhaite désormais enseigner. Quels sont les principaux problèmes auxquels elle devra faire face ? Elle doit d'abord décider si elle souhaite limiter son travail à l'enseignement d'un instrument soliste, accompagné de quelques travaux d'harmonie ou de contrepoint, selon des principes orthodoxes, ou si elle souhaite être en contact avec les méthodes modernes d'orientation. l' éducation musicale *générale* des enfants, telle qu'elle est dispensée dans certaines écoles dans le cadre du programme du matin. Dans ce dernier cas, elle doit suivre une formation spéciale.

Il y a aussi une raison pratique pour laquelle beaucoup de ceux qui souhaitent enseigner la musique à l'heure actuelle s'inscrivent dans un département de formation. Dans un document récemment publié par le Teachers' Registration Council, nous trouvons le paragraphe suivant traitant des « Conditions d'inscription » :

« Le candidat doit apporter la preuve, à la satisfaction du Conseil, qu'il a suivi avec succès une formation aux principes et méthodes de l'enseignement, accompagnée d'une pratique sous surveillance. Le cursus doit s'étendre sur une période d'au moins une année académique ou son équivalent.

Aujourd'hui, ceux qui ont étudié la question de l'enseignement de la musique selon les méthodes modernes ont compris que la musique fournit un *langage* qui doit être utilisé principalement pour l'expression de soi et les relations avec les autres. Toute la vie dépend de l'expression de nous-mêmes par rapport à la communauté. « L'expression de soi est un instinct universel, qui ne peut être écrasé que par une série de mauvais traitements systématiques, qu'ils soient auto-infligés ou infligés par d'autres. Nous nous infligeons ce problème si nous nous conformons à de fausses normes conventionnelles ou si nous créons nous-mêmes un niveau de vie qui est déconnecté de l'humanité dans son ensemble. Elle est infligée par d'autres s'ils nous obligent, quand nous sommes jeunes, à vivre dans une mauvaise atmosphère éducative et paralysent nos facultés au lieu de les développer.

Pour quelques privilégiés, le véritable pouvoir créateur vient de l'instinct, mais pour un grand nombre, une petite partie de ce pouvoir peut être conférée par l'éducation, et de cette manière un débouché supplémentaire est possible pour l'expression de soi. L'enfant doit être entraîné dès son plus jeune âge à penser en termes de musique, de la même manière qu'il est formé à penser dans sa langue maternelle. Le travail fondamental doit être effectué en classe et non en cours individuel, et doit être obligatoire pour tous les enfants. On ne demande pas si un enfant est doué en langues avant de lui apprendre le français, et il ne faut pas non plus lui demander s'il est doué en langue musicale avant de le placer en classe de musique. De plus, des leçons courtes et fréquentes sont plus bénéfiques au jeune débutant que des leçons plus longues à intervalles plus longs, car, à mesure qu'un nouveau « sens » s'ouvre à l'élève, une longue leçon produit une tension malsaine.

Le plan de travail à suivre dans une telle classe sera traité plus loin, mais on peut noter ici qu'une formation dispensée conformément au but mentionné ci-dessus produira un accroissement marqué de la vitalité et de l'intelligence générale de l'enfant. Les actions réflexes d'une concentration intense pendant une courte période, suivies d'un travail créatif, renverront l'enfant à ses autres cours avec un esprit alerte et avec une vigueur accrue.

Un grand nombre d'écoles et de familles privées proposent des postes à des enseignants capables d'enseigner dans ce sens. Chaque année, le nombre de ces postes augmente régulièrement, et il n'est pas exagéré de prédire que dans un avenir proche, peu d'écoles de premier ordre seront privées d'un tel enseignement. Les salaires proposés sont naturellement plus élevés que ceux obtenus par l'enseignant « orthodoxe » à l'ancienne, car il faut faire plus et les classes doivent être gérées plutôt que d'élèves individuels.

Il est impossible de surestimer l'importance d'acquérir une grande expérience dans l'enseignement à des élèves moyens de tous âges, sous la supervision d'experts. Beaucoup d'enseignants apparemment prometteurs ont échoué dès le premier poste occupé, parce que les connaissances acquises étaient trop théoriques et n'avaient pas été vérifiées par l'expérience en classe avec des élèves vraiment moyens. La question de la discipline est une question facile pour un élève individuel, mais dans le travail en classe, elle prend une autre dimension.

Pour enseigner la formation auditive, sans travail instrumental, un haut degré de don musical n'est pas nécessaire. Quiconque aime la musique, sympathise avec les enfants et est disposé à travailler peut gérer le déroulement du travail nécessaire avant de pouvoir donner des cours d'un niveau équitable.

Le travail, qui semble souvent d'une difficulté déconcertante à celui qui le voit pour la première fois, devient assez simple lorsqu'il est abordé étape par étape et en compagnie de camarades. Il est également intéressant de savoir que certains des résultats les plus satisfaisants obtenus dans certaines écoles au cours des dernières années ont été obtenus par des professeurs ne possédant qu'une connaissance moyenne d'un instrument, mais qui se sont lancés avec enthousiasme dans l'étude de la musique comme une langue vivante. De tels enseignants sont voués à réussir, car ils abordent le sujet dans un esprit véritablement pédagogique.

Un mot maintenant sur un autre aspect de la question de la formation. Il va y avoir une énorme différence dans la vision de la vie de la jeune fille. Pour la première fois peut-être, elle doit adopter l'attitude de celui qui donne et non celle de celui qui reçoit. Jusqu'à présent, elle a reçu de la nourriture, des vêtements, de l'argent, une éducation, de l'aide dans ses difficultés, etc., et maintenant, le destin agite une baguette, et l'enfant qui a été le centre d'intérêt de sa maison et de son école doit apprendre à donner – et donner généreusement – comme d'autres lui ont donné.

Car la vraie enseignante n'est jamais payée pour tout ce qu'elle fait. Son salaire n'est pas augmenté en proportion de toute l'aide supplémentaire qu'elle apporte à l'élève arriéré ou délicat, des heures de corvées, en dehors des heures de classe, volontairement données pour se préparer à toutes les éventualités de la vie scolaire. De telles choses ne sont jamais payées en argent, la seule récompense est la réalisation partielle du standard tenté.

Un autre point. L'enseignant idéal doit avoir une véritable personnalité, et c'est une chose qui se développe lentement, mais qui peut être développée sous la direction d'experts. Il faut de la sympathie, du tact et de l'humour. En adoptant l'attitude de celui qui donne au lieu de celui qui reçoit, la jeune enseignante est trop encline à mettre de côté le souvenir des difficultés enfantines et à oublier la vitalité inquiète qui la faisait, enfant, désireuse de s'agiter et de faire autre chose que d'apprendre.

Il y a autre chose à garder à l'esprit. La majorité des amateurs ne font jamais l'objet des mêmes critiques que les professionnels. Tout est « édulcoré ». « Très bien » a souvent été le verdict des critiques, mais un ajout tacite a été : « pour un amateur ».

Aujourd'hui, dans un service de formation, l'un des points les plus précieux de la formation réside dans les commentaires francs. Et cela ne concerne pas seulement le travail musical, mais aussi les défauts personnels. Nous savons tous que si un maniérisme ne nuit pas à l'unité d'une forte personnalité, il peut être laissé de côté. Mais il est des manières qui ne font qu'exprimer les faiblesses de ceux qui les possèdent et qui gâchent l'expression de la personnalité. Ceux-ci doivent être guéris et seront fidèlement traités dans le service de formation.

Enfin, si le cours de formation est suivi dans le cadre d'une école, il sera possible d'avoir un aperçu de l'organisation générale et des plans de travail des enfants de tous âges.

Une accusation souvent portée contre les membres musicaux d'un personnel est qu'ils restent isolés et ne s'identifient pas à la vie scolaire en général. Dans certains cas, cela peut être dû à un manque de volonté, mais dans la grande majorité, cela est dû à un manque de formation et de réalisation de l'unité d'une telle vie.

L'élève qui saisit toutes les occasions qui lui sont offertes au cours de son année de formation apprendra non seulement à organiser la vie musicale générale d'une école, par le biais d'enseignements auditifs et de cours de chant, de récitals, de clubs de musique, etc., mais soyez prêt et fier de faire preuve d'initiative dans d'autres directions.

Nous ne pouvons pas nous passer des visions de nos artistes, et un pays ou une école est d'autant plus pauvre que la force motrice de l'inspiration artistique n'est pas pleinement exploitée.

CHAPITRE II

L'ORGANISATION DU TRAVAIL MUSICAL DANS LES ÉCOLES

Le travail musical dans une école se divise grosso modo en quatre divisions :

1. Entraînement de l'oreille, menant plus tard à l'harmonie, au contrepoint, etc.

2. Production vocale et chansons.

3. Travail instrumental.

4. Concerts, clubs de musique, etc.

Pour les prendre dans l'ordre :

1. *Entraînement auditif.*

Une fois que la nécessité de ce travail a été reconnue, l'étape suivante consiste à réfléchir à la manière dont le temps peut être réservé à cette fin dans le programme scolaire. Ceux qui ont constaté certains résultats dans des écoles qui ont entrepris ce travail depuis quelques années sont parfois enclins à penser qu'il s'agit d'une dépense de temps considérable. Mais, pourvu que les enfants aient commencé l'enseignement très jeunes, il n'est ni nécessaire ni souhaitable qu'ils suivent plus d'une leçon de quarante minutes par semaine après avoir atteint l'âge de douze ans. Il ne faut pas oublier que dans tout travail « linguistique », l'idéal est de commencer par des cours très courts et assez fréquents. L'entraînement auditif qui doit être traité dans le sens suggéré ouvrira un nouveau « sens » à l'élève, et la concentration nécessaire est telle que les enfants ne supportent pas l'effort d'une longue leçon.

Les durées de cours suivantes sont donc recommandées :

Pour les enfants de quatre à sept ans, un quart d'heure quatre jours par semaine.

De huit à douze ans, vingt minutes trois jours par semaine.

À partir de treize ans, quarante minutes une fois par semaine.

Passons maintenant aux plans de travail.

Pour ceux âgés de quatre à sept ans, le temps devrait être consacré à chanter à vue des mélodies faciles dans des tonalités majeures et à des tests d'oreille de deux ou trois notes à la fois.

Pour ceux qui ont entre huit et douze ans, il faut ajouter le chant à vue en tons mineurs et en deux parties, ainsi que la dictée de mélodies et d'airs à deux parties. Lorsque ce travail est bien maîtrisé, le traitement des accords peut commencer, ainsi que l'improvisation des mélodies avec la voix, ainsi que la transposition et l'harmonisation des phrases simples au piano.

Pour les enfants de treize ans et plus, ce qui précède peut être continué, avec le chant à vue en trois parties, la dictée en trois et quatre parties, l'improvisation au piano et un travail plus précis d'harmonie, de contrepoint et de composition élémentaire.

Après quatorze ans, il est bon de rendre le travail volontaire. A ce stade, il est possible de distinguer entre les enfants qui s'intéressent suffisamment à la musique pour que cela vaille la peine de poursuivre leur travail et ceux qui trouveront un emploi plus rentable dans d'autres domaines. Ces derniers auront appris à s'intéresser intelligemment à la musique et à « écouter » quand la musique est jouée. Les classes vont désormais devenir plus petites, un avantage pour les travaux plus détaillés.

Il est important de noter que les meilleurs résultats en matière de formation auditive ne seront obtenus que si les classes ne dépassent pas l'effectif de vingt-cinq élèves.

2. *Production vocale et chansons* .

Ces classes peuvent être plus nombreuses sans préjudice du travail, mais la classification ci-dessus selon l'âge est souhaitable. Les enfants âgés de quatre à sept ans apprendront probablement des chansons liées à leur travail à la maternelle. Il est donc difficile de dire exactement combien de temps ils consacreront aux cours de chant, car les travaux se chevaucheront. Ceux entre huit et douze ans devraient suivre une leçon de chant et de voix par semaine, d'au moins vingt minutes. Les plus de treize ans travailleront probablement sur des chansons plus difficiles et n'auront pas besoin de moins de trente minutes une fois par semaine.

3. *Œuvre instrumentale* .

Il est très souhaitable que tous les enfants de moins de huit ans qui apprennent un instrument le fassent en *classe* la première année plutôt que dans le cadre de cours individuels. Une grande partie du travail fondamental sur un instrument peut devenir fastidieux pour un jeune enfant s'il n'est pas effectué en compagnie d'autres personnes du même âge.

Une considération pratique est que cela permet de facturer des frais de scolarité moins élevés pour chaque élève, ce qui peut inciter un parent à laisser son enfant commencer un instrument plus tôt que ce ne serait le cas autrement.

Il a été constaté que les enfants qui ont commencé de cette manière se développent beaucoup plus rapidement que s'ils suivaient des cours individuels. L'effet stimulant du travail en classe pour l'enfant moyen ne peut être surestimé.

A l'issue de cette année préliminaire de travail, l'enfant peut suivre soit trois leçons de vingt minutes par semaine en solitaire, soit deux demi-heures. Si l'entraînement auditif est effectué en même temps, il est possible de réduire la quantité de pratique instrumentale chaque jour. Dans de rares cas, on devrait lui permettre de dépasser une demi-heure jusqu'à l'âge de treize ans, et dans de nombreux cas, vingt minutes suffisent.

Après l'âge de treize ans, il est à nouveau possible, comme c'était le cas pour le travail d'éducation auditive, de distinguer les enfants musiciens des autres. Les premiers devraient augmenter la quantité de pratique chaque jour ; cette dernière, s'ils continuent à apprendre, ne doit pas dépasser une demi-heure. Les cours de piano dureront dans la plupart des cas deux demi-heures par semaine.

4. *Concerts, clubs de musique, etc.*

C'est une bonne idée d'organiser chaque trimestre un court récital au cours duquel joueront non seulement les élèves les plus avancés, mais aussi les enfants de tous les stades de développement. Il est sage d'insister pour que toute la musique soit jouée par cœur, car de cette manière, une formation inestimable sera dispensée dès le début.

Dans le cas d'une remise de prix ou d'une grande activité scolaire, il est bien entendu nécessaire de montrer uniquement le meilleur travail.

Un club de musique est un formidable stimulant pour la vie musicale d'une école. Un bon plan est d'organiser une série de courtes conférences sur des sujets tels que les origines de l'harmonie, l'acoustique, la principale différence entre la musique de différentes écoles et périodes, etc., et de faire suivre celles-ci par des récits de la vie et des œuvres des grands. compositeurs. Les enfants sont ravis de venir à de telles réunions, surtout si on leur demande leur aide pour illustrer les cours en jouant des extraits de la musique en question.

Dans l'organisation du travail musical dans une école, il est de la plus haute importance qu'il existe une autorité musicale centrale, chargée de mettre en contact tous ceux qui participent à l'enseignement. Si cela est réalisé, non seulement on évitera le chevauchement des travaux dans les différentes classes et leçons, mais on créera également une force motrice de camaraderie musicale qui produira une véritable atmosphère musicale.

CHAPITRE III

L'ENSEIGNEMENT DE LA PRODUCTION DE LA VOIX ET DES CHANSONS

Il est peut-être plus rare de trouver un bon professeur de chant que de toute autre matière du programme scolaire. Il y a plusieurs raisons à cela. Dans de nombreux cas, c'est un enseignant visiteur qui prend le travail, qui a du mal à apprendre les noms de tous les enfants en un seul cours par semaine et qui commence donc dans une position désavantageuse. La taille des classes de chant est alors toujours plus grande que celle des classes d'autres matières, ce qui incite davantage les enfants à l'inattention.

Rien n'est plus pitoyable que de voir une jeune maîtresse inexpérimentée aux prises avec une classe nombreuse d'enfants sains et agités, qui savent par expérience que la leçon de chant hebdomadaire peut être mise à profit pour leurs propres petits jeux !

Il y a, bien sûr, l'enseignant-né, qui envoie un choc électrique à travers la pièce dès qu'il y entre et qui, sans le demander, s'assure un silence instantané et une attention avide. De telles personnes sont rares, et notre tâche doit maintenant être de donner quelques suggestions pratiques à ces personnes moins fortunées qui ne possèdent pas le don inné, mais qui sont disposées à apprendre.

Tout d'abord, le professeur de chant doit avoir une réelle personnalité ; et si elle ne possède pas cela par nature, elle doit faire de son mieux pour développer ce qu'elle a. Elle doit être pleine de vitalité, elle doit comprendre les enfants et, surtout, elle doit vraiment aimer la musique, de telle sorte qu'elle ne puisse plus s'en passer. Cette dernière qualification implique souvent une certaine sensibilité, qui a du mal à s'adapter à un monde de travail, où les gens ont peu de temps, ou peu d'envie, pour étudier les « humeurs » des autres. Les personnes très artistiques constituent une difficulté bien connue des autorités scolaires. Pour exceller dans leur art, ils doivent non seulement avoir une « capacité de se donner du mal », mais aussi une réserve de force émotionnelle, dans laquelle ils puisent pour s'exprimer à travers leur art. Or, la possession d'une telle réserve n'implique pas toujours le pouvoir de la conserver en réserve ! Au cours de leur formation, l'attention de ces personnes devrait être dirigée vers les idéaux élevés qui sous-tendent tout véritable travail éducatif ; ils devraient comprendre la véritable fonction de la musique dans l'éducation : elle ne doit pas être considérée comme un simple accomplissement ou un art technique, mais comme un moyen d'expression personnelle.

Nous allons maintenant considérer un cas particulier. Supposons qu'une nouvelle maîtresse prenne un cours de chant avec une classe nombreuse d'enfants qui ont la réputation d'être difficiles à gérer. En entrant dans la classe, il est bon d'aller directement à l'estrade, sans dire un mot aux enfants en chemin, quoi qu'ils fassent. Depuis ce point d'observation, l'enseignant doit observer la classe pendant quelques secondes, toujours sans parler. Il n'y a rien de plus impressionnant pour une classe agitée que la vue d'une maîtresse pas du tout dérangée par leurs actes, mais qui comprend tout. Si la maîtresse a cultivé un sentiment de repos et de confiance en elle, cette action de sa part produira le sensation d'un centre de force dans la pièce - et la force rayonnera d'elle. Les enfants, sans savoir exactement ce qui s'est passé, se sentiront différents et seront souples et faciles à gérer. Dès que la maîtresse est consciente de ce changement d'ambiance, elle peut commencer le cours. Mais elle doit maintenant fusionner progressivement sa personnalité avec celle de la classe : elle doit travailler *avec* eux et non en dehors d'eux. Il est difficile de mettre des mots sur cette idée, mais tous les vrais enseignants en comprendront le sens. Il n'existe pas de force motrice comparable à celle qui agit à l'intérieur d'une communauté, ni à l'extérieur.

Passons maintenant à la leçon elle-même.

Cela devrait commencer par quelques exercices simples de production vocale. On trouvera d'excellentes suggestions à ce sujet dans un petit livre intitulé *Class Singing for Schools* , avec une préface de Sir Charles Stanford, publié par Stainer & Bell, également dans le mémorandum sur la musique du Board of Education. Il faut insister sur un point particulier. Les enfants ne devraient jamais être autorisés à utiliser le registre thoracique. Leurs voix devraient être entraînées vers le bas. Dans le chant des gammes, il doit y avoir un saut ou un départ vers une note suffisamment haute pour sortir du registre de poitrine, comme le mi aigu [b]. La gamme descendante doit ensuite être chantée. Des exercices de respiration doivent être effectués au début du cours. Un bon exercice consiste à expirer sur le son « ch ». Pour cela, les enfants se tiendront dans des positions faciles, les mains sur les côtes, afin de pouvoir sentir les côtes se dilater et se contracter lors de l'inspiration et de l'expiration. Les épaules doivent rester baissées. L'avantage d'utiliser le son « ch » est que l'enseignant peut ainsi déterminer combien de temps dure la respiration de chaque enfant.

Lorsque ces exercices sont terminés et que quelques gammes et passages ont été chantés, la classe doit s'asseoir pendant que le professeur parle de la nouvelle chanson à chanter. Dans les écoles où le chant à vue fait partie du programme régulier, il n'est pas nécessaire d'y travailler dans le cours de chant. En commençant une nouvelle chanson, l'essentiel est que le professeur amène la classe à en saisir l'esprit. Si des mots difficiles surviennent, ils pourront être expliqués plus tard, mais il est absolument essentiel que les enfants acquièrent une idée qu'ils puissent exprimer en chantant.

M. W. Tomlins, venu de New York pour montrer certaines de ses méthodes destinées à traiter avec des classes nombreuses, a produit des résultats admirables. Il excitait à tel point l'enthousiasme de ses cours que l'effet de leur chant était électrique ; et tout cela était dû aux quelques mots qu'il avait prononcés avant que la chanson ne soit chantée, et non aux corrections qu'il avait apportées plus tard. Il n'est pas nécessaire qu'un professeur *dirige* les chants tout le temps pendant le cours, ou le fait que la classe soit censée surveiller le bâton a tendance à les rendre rigides dans leurs attitudes, et donc, dans une certaine mesure, dans leur chant. . Les meilleurs résultats sont obtenus lorsqu'une classe se lève pour chanter. Certains enseignants bien intentionnés oublient que les enfants sont probablement restés assis dans leur salle de classe pendant la majeure partie de la matinée et ne sont que trop heureux de se lever pour changer. Ils peuvent s'asseoir entre les chansons, trouver leur place, etc.

Les chansons doivent être choisies dont la hauteur n'est pas trop grave. Beaucoup de gens pensent à tort que les jeunes enfants ne peuvent pas chanter haut. Écoutez leurs cris dans la cour de récréation, les notes qu'ils utilisent pour s'appeler, et cette idée sera bientôt corrigée. La note la plus basse de la voix d'un jeune enfant est généralement le mi, et il peut prendre le fa ou le sol aigu assez facilement.

Les droners ne devraient pas être autorisés à chanter avec le reste de la classe, sinon le ton serait immédiatement perdu, sans parler de la détérioration de l'effet général.

Le chant plat est souvent dû à une mauvaise ventilation de la pièce, le plus souvent encore à l'ennui. Un bon plan dans ce cas est d'augmenter la hauteur d'un demi-ton ; c'est souvent tout aussi facile à chanter et produit invariablement un sentiment de gaieté.

Les enfants ne devraient jamais être autorisés à chanter fort, surtout lorsqu'ils sont très jeunes. Il est très difficile de guérir l'habitude une fois qu'elle est formée. Il faut prêter attention à l'articulation dès le début. Une leçon utile est donnée à la classe si, de temps en temps, la moitié des élèves vont au fond de la salle et, les livres fermés, écoutent leurs compagnons chanter un couplet d'une chanson qui leur est nouvelle. La difficulté qu'ils éprouvent à suivre les paroles ne sera pas oubliée de sitôt.

Les attaques doivent être absolument précises. Le chant contrapuntique à deux ou trois voix qui est pratiqué dans les cours de chant à vue est admirable à ce titre, car l'effet général est brouillé ou entièrement gâché dans un travail aussi clair par une fausse entrée.

Pour toutes les grandes réceptions scolaires, comme la remise de prix, les chansons doivent être chantées par cœur. Cela n'est pas nécessaire dans le cadre d'un travail de classe ordinaire, car le but est d'enseigner autant de bonnes chansons que possible, afin de former un standard de véritable littérature musicale. Mais lors d'un spectacle, rien n'est plus délicieux que de voir des enfants se lever et, sans aucun battement de pages ni attitude inconfortable pour voir les paroles d'un livre, chanter directement avec leur cœur. Aussi simples que soient la musique ou les paroles, l'effet vaudra bien le petit souci supplémentaire.

Notre dernière considération est celle des chansons à choisir pour apprendre. Les petits enfants devraient rarement chanter autre chose que des chansons à l'unisson. Les chansons folkloriques, comme celles éditées par Cecil Sharp et d'autres, et, pour les tout-petits, les comptines traditionnelles et les chansons de jeu sont les meilleures. Entre dix et quatorze ans, des livres tels que *National Songs* ou *Songs of Britain de Boosey* devraient constituer l'ouvrage de base, tandis que pour les enfants plus âgés, les grandes chansons classiques peuvent être ajoutées. Un bon livre pour ceux-ci est le *Golden Treasury*, publié par Boosey.

Les chansons de compositeurs vivants doivent être strictement limitées en nombre, mais pas exclues. Ceux-ci n'ont pas résisté à l'épreuve du temps. Nous enseignons Shakespeare dans nos cours de littérature, pas un poète moderne – les essais de Bacon, pas ceux d'un essayiste moderne. Et notre raison est que la seule façon de créer une norme de goût est d'amener nos enfants aux sources classiques de la prose et de la poésie. Nous devons faire la même chose en musique.

CHAPITRE IV

LA MÉTHODE SOL-FA

Pour ceux qui ne sont pas habitués à la notation Sol-fa, elle apparaît à première vue comme un encombrement inutile. D'excellents arguments sont avancés en faveur de ce point de vue. De nombreux musiciens se souviennent à peine de l'époque où ils ne pouvaient pas chanter à vue ni écrire des mélodies sous dictée. Ils ont acquis ces connaissances instinctivement et ne voient pas pourquoi les autres ne devraient pas faire de même. Malheureusement, tout le monde n'en est pas capable, d'où une multitude de « méthodes » pour les enseigner.

La plus connue consistait à essayer d'apprendre à l'élève à chanter à vue des intervalles, *comme des intervalles*. Tiers, cinquièmes, sixièmes, etc. ont été pratiquées avec assiduité. Mais les élèves n'ont pas toujours trouvé facile de chanter ces intervalles à partir de toutes les notes de la gamme, sauf dans l'ordre. La tierce majeure de *doh* me *semblait* plus facile que celle de *fah* à *lah* , et ainsi de suite. Ainsi, dans la majorité des cas, le chant à vue dans les classes se résumait à ce que les enfants musiciens conduisent et que les autres suivent. Il est rare de trouver une classe nombreuse dans laquelle il n'y a pas un seul enfant musicien, et le seul test sûr de progrès est de faire chanter seuls à vue les enfants les moins musicaux.

Or, si l'on demande à ceux qui ont « acquis » la connaissance du chant à vue sans savoir comment ils l'ont fait, d'expliquer comment ils arrivent à leurs intervalles, on constatera que *la tonalité* joue un grand rôle dans leur conscience. Autrement dit, ils sont parfaitement sûrs de leur tonique et peuvent à tout moment la chanter, même après des passages compliqués.

Ce fait est la racine du système Sol-fa. L'enfant apprend à penser à toutes les notes de la gamme par rapport à la note clé. Une objection très sensée est parfois soulevée à ce sujet, à savoir qu'il faut certainement beaucoup de détachement par rapport au sujet en question si l'esprit doit chercher à tâtons la note clé entre deux notes consécutives d'une mélodie. Mais ce processus devient très vite automatique. Nous ne sommes pas conscients des références aux tables de multiplication chaque fois que nous effectuons une somme, mais nous ne pourrions pas faire la somme sans celles-ci. Et c'est la même chose avec le système Sol-fa. L'enfant n'a que très rarement besoin *de chanter* la note clé lorsqu'il considère une autre note, il s'y réfère inconsciemment.

Il existe une curieuse anomalie dans le système orthodoxe Sol-fa, qui a beaucoup amusé ses critiques et a fini par provoquer un clivage de la part de beaucoup de ceux qui, par ailleurs, sont cordialement d'accord avec les grandes lignes de la méthode. . Cela concerne le traitement de la tonalité mineure. Le professeur orthodoxe Sol-fa relie les notes de la gamme mineure, non pas à la note clé, mais à la tierce de la gamme, c'est-à-dire à la note clé de la majeure relative. On imagine aisément la confusion que ce plan produit dans le sens de la tonalité. Lorsqu'ils chantent dans des tonalités majeures, il est demandé aux élèves de rapporter toutes les notes à la tonique pour obtenir un « effet mental », mais dans la tonalité mineure, cela est strictement interdit. Pour prendre un exemple. Dans la gamme de do majeur, l'enfant a été entraîné à ressentir l'effet aigu et brillant de la note sol, la quinte de la note clé do. Il ressentirait naturellement le même effet pour la note mi dans la tonalité de la mineur, lorsqu'il est lié à la note clé A. Mais le professeur orthodoxe Sol-fa dit : « Non. Vous devez ressentir l'effet calme et apaisant du E par rapport au C !' L'enfant peut-il *vraiment être* éduqué de cette manière ? S'il s'agissait simplement d'une différence de détail dans le traitement des deux modes, cette erreur pourrait être pardonnée, mais il s'agit d'une différence de principe fondamental.

L'une des nombreuses difficultés rencontrées se produit lors de la transposition au piano. Lors de la transposition, par exemple, de do mineur à fa mineur, l'enfant doit d'abord penser en mi[b] majeur, afin d'obtenir le pivot de référence, puis en la[b] majeur pour le nouveau pivot A[b]. Pourtant, son véritable sens du pivot, qui, il faut le noter, a été admirablement formé par le traitement Sol-fa de la gamme majeure, est toujours en faveur du do et du fa respectivement.

La méthode développée pour la tonalité mineure par ceux qui souhaitent maintenir le principe fondamental selon lequel la tonique est le pivot de référence pour *toutes* les tonalités, majeures et mineures, est très simple. Elle consiste à donner à la tierce et à la sixième de la forme harmonique de la gamme leurs noms logiques de *maw* et *taw* . La sixte de la gamme ascendante sous la forme mélodique sera bien entendu la même en mineur qu'en majeur.

Il y a deux autres points dans le système orthodoxe Sol-fa qui sont modifiés par ceux qui souhaitent l'utiliser comme béquille pour la notation sur la portée. Le premier d'entre eux concerne la notation temporelle plutôt compliquée de tous les exercices, à l'exception des premières séries d'exercices. Dès que les subdivisions du temps sont introduites, la notation devient difficile à lire sans fatiguer les yeux. Les petits points, tirets, virgules, etc. inquiètent les enfants. L'expérience a prouvé que lorsqu'une classe est prête à faire quelque chose au-delà des valeurs temporelles les plus simples, elle peut abandonner complètement la notation sol-fa et s'en tenir entièrement à la notation en portée. C'est bien entendu un avantage et c'est ce que l'on vise.

L'autre point est lié à l'utilisation de ce qu'on appelle les « notes de pont ». Lorsqu'on introduit une modulation qui entraîne une référence assez longue à une nouvelle tonalité, la note qui y mène directement est bien entendu accidentelle dans la première tonalité et diatonique dans la seconde. C'est ce qu'on appelle une note de pont et doit être considérée de deux manières, d'abord dans l'ancienne tonalité, puis dans la nouvelle. Il faut donc changer son nom, en prélude à l'utilisation du nouveau pivot.

Or, dans la notation enseignante, il n'est ni judicieux ni nécessaire d'introduire très tôt des modulations étendues. Le but est de permettre aux enfants de chanter le plus tôt possible des mélodies assez faciles dans toutes les tonalités, majeures et mineures, avec des modulations accessoires, puis de réviser l'œuvre en introduisant des modulations plus difficiles. Ce but sera atteint en différant l'utilisation des notes de pont jusqu'à ce que les enfants soient prêts à chanter des mélodies dans les tons mineurs qui se modulent vers le majeur relatif. Si le plan mentionné ci-dessus pour le traitement du ton mineur est adopté, les notes de pont seront indispensables à ce stade, et les mélodies, du moins au début, ne pourront être chantées sans leur aide. Une autre référence à ce sujet est donnée dans le chapitre sur l'enseignement du chant à vue.

CHAPITRE V

PREMIÈRES LEÇONS POUR DÉBUTANTS EN FORMATION OREILLE

La forme de ces cours variera légèrement en fonction de l'âge des enfants. Nous supposerons qu'ils se situent entre sept et neuf ans, lorsque les enfants savent lire et écrire.

Lors de la première leçon, la gamme de do majeur doit être jouée, du do médian au do aigu, en ascendant uniquement. Répétez ensuite le C du milieu et arrêtez-vous un peu dessus. Faites cela trois ou quatre fois, en disant aux enfants de compter les notes pendant que vous jouez sur la gamme. Lorsqu'ils sont tous sûrs que huit notes ont été jouées, demandez-leur pourquoi ils pensent que vous avez répété le do du milieu à la fin. Ils diront probablement : « Pour que ça sonne fini ». En d'autres termes, ils ont saisi « l'effet mental » de la note clé *dans chaque tonalité* , le pivot autour duquel tournent les autres notes. Faites le signe de la main pour cette note, selon le plan Sol-fa, et dites aux enfants que la note s'appelle *doh* . Maintenant, répétez la gamme, mais cette fois, jouez-la du do aigu au do médian, en répétant le do aigu à la fin. Les enfants verront immédiatement ce qui s'est passé et que le do aigu « termine » maintenant le passage. Ainsi on l'appellera « high *doh* », et le signe de la main sera répété, mais à un niveau supérieur. Faites attention à ne pas plier la main au niveau du poignet lorsque vous donnez ce signe, sinon l'effet de finalité et de repos sera perdu.

Au deuxième cours, répétez ce travail, les enfants vous disent quoi faire. Ensuite, faites huit grands points au tableau et, contre le premier et le huitième, écrivez *doh* et *doh'* . Jouez maintenant les cinq premières notes de la gamme et répétez la première comme avant. Demandez combien de notes ont été jouées. Rejouez-les ensuite, mais en commençant par la quinte et en répétant la quinte à la fin. Demandez aux enfants pourquoi ils pensent que vous avez fait cela. Au début, ils ne seront pas capables d'exprimer ce qu'ils ressentent, mais peu à peu, l'idée émergera que vous souhaitez attirer l'attention sur quelque chose d'intéressant. Les gens s'appellent souvent en chantant une quinte. La nouvelle note est nette et brillante lorsqu'elle est liée à la note clé. D'où le signe de la main. Donnez le nom *soh* et écrivez-le devant le cinquième point du tableau. Les enfants doivent maintenant chanter à partir des trois signes de main connus, ainsi que des notes au tableau. Ils doivent également identifier les notes lorsqu'elles sont jouées en groupes de deux ou trois au piano.

Lorsqu'ils peuvent faire tout cela facilement, la note suivante, la tierce de la gamme, est prise de la même manière. L'effet mental est calme et apaisant, d'où le signe de la main. En plus de chanter à partir des signes des mains et du « modulateur » Sol-fa qui est progressivement construit sur le tableau, les enfants peuvent désormais chanter à partir de la notation Sol-fa horizontale et de la notation sur portée. Le premier d'entre eux est inestimable au début, car il empêche absolument de deviner. En chantant à partir du modulateur, cela est possible dans une certaine mesure, car la relation de chaque note à la note clé est indiquée approximativement en *distance.* par les points entre les notes. Aucune aide de ce type n'est fournie dans la notation horizontale.

Au début du travail sur la notation sur portée, les notes de la gamme seront considérées comme les marches d'une échelle. Dans toutes les tonalités, lorsque *doh* est sur une ligne, *moi* et *soh* sont également sur des lignes, et high *doh* est sur un espace ; mais quand *doh* est sur un espace, *moi* et *soh* sommes sur des espaces, et high *doh* est sur une ligne. Ce sont des choses très simples, mais les enfants sont des gens simples et ne mépriseront pas de telles allusions.

Les notes suivantes de la gamme à prendre sont *ray* et *te* , puis *fah* et *lah* . Les deux derniers sont les plus difficiles. Un bon schéma à fixer dans l'esprit des enfants est :

dfmlst ₁ *d-*

qui se décompose en :

dfm- ; *dls—*

Si celles-ci sont réellement connues, aucun problème ne sera rencontré avec les notes *f* et *l* .

De nombreux exercices doivent être donnés dans lesquels les notes de la gamme sont prises en relation avec le *doh aigu* . Les notes possibles doivent également être prises au-dessus *du doh élevé* (comme high *ray* , high *me* , high *fah* dans l'échelle de C) et en dessous *du doh* . En ce qui concerne ces dernières, la tonalité peut être changée de temps en temps lors du travail Sol-fa à partir des signes de la main ou du modulateur, ou à partir de la notation Sol-fa, afin d'obtenir une gamme plus large pour les notes mentionnées ci-dessus. Ainsi, si la classe reçoit le *doh* de sol majeur, elle peut chanter low *te* , low *lah* , low *soh* et low *fah* , ou, comme ces notes sont écrites en notation Sol-fa, *t* ₁ *l1 s* ₁ *f1* . Ces points sont parfois négligés par les maîtresses, et la formation précoce perd en minutie.

Dès que les enfants sont sûrs des notes diatoniques de la tonalité de do majeur, ils doivent prendre la quarte aiguisée (*fe*), la septième bémolisée (*taw*). et la quinte aiguisée (*se*). Plus tard, ils apprendront que ces notes introduisent souvent des modulations respectivement sur les tonalités dominantes, sous-dominantes et mineures relatives.

L'improvisation avec la voix peut maintenant commencer, selon les lignes suggérées au chapitre IX. Un intérêt supplémentaire sera ainsi ajouté à la leçon et l'enfant aura sa première initiation à « l'expression de soi » à travers l'art de la musique.

CHAPITRE VI

L'ENSEIGNEMENT DU CHANT À VUE

L'enseignement du chant à vue doit commencer par l'enseignement de la notation sur la portée via la méthode Tonic Sol-fa. Des objections sont parfois soulevées par des gens très musicaux, qui n'ont aucun souvenir d'une quelconque « méthode » par laquelle ils ont eux-mêmes appris à chanter à vue et qui pensent donc que leurs élèves peuvent acquérir ce savoir de la même façon instinctive. L'expérience prouve que c'est très rarement le cas.

Avec les très jeunes enfants, il est bon de s'en tenir entièrement aux signes et aux tests auditifs jusqu'à ce que toutes les notes de la gamme soient connues, grâce à leur « effet mental ». L'une des raisons à cela est que ces enfants ne savent ni lire ni écrire, et qu'on ne peut donc pas faire avec eux un travail musical qui implique cette connaissance. Il faut veiller à varier au maximum les cours.

Lors d'un cours, l'enseignante peut elle-même faire des signes manuels et des tests auditifs. Lors de la séance suivante, un membre de la classe peut donner les signes de la main au reste de la classe et l'enseignant les tests d'oreille. Ensuite, l'enfant peut faire des tests d'oreille, et ainsi de suite. Un enseignant expérimenté trouvera de nombreuses façons similaires de susciter un nouvel intérêt pour les leçons, même si la quantité réelle de travail effectué est nécessairement faible. Il n'y a rien à gagner à se précipiter dans les premières étapes de l'entraînement auditif. Les fondations doivent être solidement posées, sinon des problèmes surviendront plus tard. Ceux qui ont eu l'expérience du travail en classe dans les jardins d'enfants connaissent les difficultés particulières à surmonter : l'irrégularité de la fréquentation, l'arrivée constante de nouveaux élèves, etc. Si de nombreuses possibilités de révision ne sont pas données, le travail en souffrira en termes de rigueur.

Pour les enfants qui suivent ce travail entre huit et douze ans, il n'existe pas de meilleur schéma de chant à vue que celui contenu dans *les Cinquante étapes du chant à vue de Somervell*, complété par les livres pour enfants *A Thousand Exercises*, publiés par Curwen. Il est essentiel de lire attentivement les annexes de cet ouvrage, notamment celles concernant les tonalités mineures. Un autre livre d'exercices de chant à vue qui suit la même séquence est le *Rational Sight Reader*, d'Everett, publié par Boosey.

En enseignant les tonalités de sol majeur et de fa majeur, il est très important que la classe découvre elle-même la nécessité du fa[#] et du si[b] dans les signatures respectives. Des enseignants inexpérimentés enseignent parfois cela comme un dogme et privent ainsi les enfants du plaisir de le découvrir par eux-mêmes.

Ainsi, si la gamme de sol majeur est jouée avec F[n] au lieu de F[#], la classe découvrira que *taw* a été joué à la place de *te* , et saura bientôt comment corriger le mauvais son.

De même, si la gamme de fa majeur est jouée avec B[n] au lieu de B[b], ils diront que *fe* a été joué à la place de *fah* .

Si l'ordre des clés prises est celui des *Cinquante Étapes* , le schéma suivant montrera d'un coup d'oeil le plan sous-jacent :

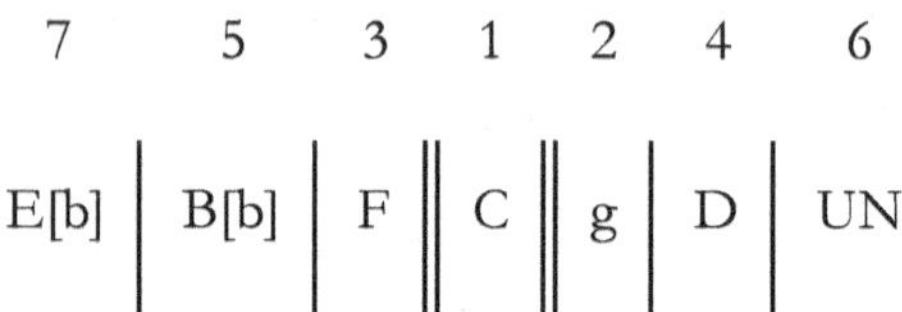

Il convient de noter qu'en ce qui concerne les positions des notes sur la portée, la tonalité de A[b] est aussi facile à chanter que la tonalité de A, D[b] comme D, et ainsi de suite. Ce fait est parfois négligé et des difficultés inutiles sont créées pour les enfants.

Il est important qu'une classe chante à vue couramment dans une tonalité avant d'en essayer une nouvelle. Certains enseignants prennent les clés en groupe et essaient de les enseigner tous ensemble. Ce plan conduit rarement à des résultats satisfaisants.

Touches mineures.

Il est sage de différer leur traitement jusqu'à ce que toutes les tonalités majeures soient maîtrisées. La forme harmonique de la gamme de do mineur doit alors être prise, les enfants identifiant les deux notes nouvelles pour eux comme la tierce et la sixte aplaties de la gamme. C'est un bon plan de leur faire chanter quelques mélodies au tableau qui sont en do mineur, mais qui portent la signature de do majeur, la tierce et la sixième aplaties étant fournies. Cela impressionne les nouvelles notes sur les enfants.

Plus tard, la signature correcte devra être développée par expérience, et le même plan devra être suivi pour les autres clés, avant que la « règle » permettant de trouver la signature ne soit discutée. La forme mélodique de la gamme peut ensuite être enseignée et les deux formes pratiquées pour donner beaucoup de liberté dans la nouvelle tonalité. Les différentes tonalités mineures doivent alors être prises dans le même ordre que celui dans lequel les tonalités majeures ont été prises.

Il convient de limiter le travail dans un premier temps à des mélodies qui ne modulent pas au majeur relatif. Plus tard, lorsque les enfants parleront assez couramment, ils pourront les suivre. Au début, ils devront utiliser des 'bridgenotes' pour la modulation, mais, avec un peu de pratique, ils seront bientôt capables de chanter à vue sur *lah* .

Chant partiel.

Les enfants ne devraient pas être autorisés à chanter des chansons en partie jusqu'à ce qu'ils soient capables de chanter à vue en partie. La raison en est que dans la majorité des chansons à parties, les parties inférieures sont écrites trop bas pour la voix de l'enfant, et si elles sont *répétées* plusieurs fois de suite, il est probable que des dommages en résulteront. Si, au contraire, les chansons peuvent être lues à vue, les parties peuvent être interverties et les voix des enfants ne souffrent pas autant. La plus grande difficulté dans l'enseignement du chant à partie est d'ordre moral : un enfant qui prend une partie inférieure n'aime pas la sensation que quelqu'un chante au-dessus d'elle. Les voix doivent être soigneusement réparties pour ce travail – certains professeurs préfèrent mettre l'équilibre du côté des parties inférieures, afin d'éviter le sentiment qu'il faut crier pour se faire entendre ! Le plan idéal est d'échanger librement les pièces au cours d'une même leçon.

Il convient de choisir d'abord des exercices dans lesquels la partie inférieure démarre sur une note assez haute et, si possible, avant l'entrée de la partie supérieure, afin de donner confiance. La partie inférieure doit également bouger librement et ne doit pas être constituée de longs billets de maintien. Les exercices dans lesquels les parties se croisent offrent une excellente pratique. De bons exemples d'exercices faciles se trouvent dans les numéros 9, 68, 80, 101, etc. dans le Livre III des *Mille Exercices* ; également dans les nombreux canons que l'on trouve dans ce livre.

Le chant à vue en trois parties doit toujours commencer par des exercices écrits dans le style contrapuntique. Il y en a des exemples dans *Three-part Vocal Exercices* , de Raymond, publié par Weekes & Sons. Ce livre convient également aux voix d'hommes, les deux parties aiguës étant prises par deux ténors et la partie alto transposée par une basse.

Une bonne série de chansons partielles se trouve dans le Year Book Press, qui n'admet que des chansons de compositeurs standards.

CHAPITRE VII

L'ENSEIGNEMENT DU TEMPS ET DU RYTHME

Il est impossible de surestimer l'importance d'une étude minutieuse avant qu'un enseignant ne tente d'enseigner aux enfants le sens du temps et du rythme.

Il faut non seulement parvenir à une conception intellectuelle de l'importance du sujet, mais aussi à une prise de conscience subconsciente de celui-ci. La fonction du rythme dans le monde doit être perçue, et des phénomènes naturels tels que le jour et la nuit, les saisons, les marées et d'innombrables autres semblent être des exemples du même principe. La même influence peut être retrouvée dans les activités sociales. Le travail ne peut être organisé et réalisé là où l'ordre rythmique n'est pas trouvé, et aucune conception du cerveau ou de la faculté artistique ne peut émerger sans être informée par la continuité rythmique.

Un être humain imparfaitement doté d'un sens de l'équilibre ou du rythme constitue un danger pour la communauté, et celui qui est totalement dépourvu de ce sens est qualifié de « fou ».

Dans la formation du maître, il est bon d'attirer l'attention d'abord sur le rythme de la parole, avant d'aborder celui de la musique. Ceux qui ont reçu une formation littéraire ont déjà étudié les propriétés métriques de la poésie et de la prose. Ils conviendront facilement que des expressions telles que :

«Le père de mon père ne l'a pas vu.»
'Bonne année à toi."Parce que je l'ai cherché loin des hommes,Dans les déserts et seul."Nous devons y retourner avec Policeman Day,Retour à la Ville du Sommeil.'

peut être considéré comme écrit en [2/4], [3/4], [4/4], [6/8] fois respectivement.

M. Jacques Dalcroze a montré, par sa Gymnastique Rythmique, l'effet extraordinaire que les mouvements rythmiques peuvent avoir, non seulement sur la santé physique, mais sur l'équilibre mental et moral. Pour les enfants très nerveux, un tel travail est particulièrement bénéfique, mais pour tous les enfants, il est d'une grande valeur. Il doit être complété dans le cours d'entraînement auditif par une pratique constante de la mesure au rythme des mélodies. Le professeur commence par jouer des airs simples, aux accents fortement marqués. Les enfants devraient découvrir ces accents par eux-mêmes et devraient apprendre à battre la mesure, en utilisant dès le début les battements du chef d'orchestre approprié.

Les noms d'heure français - *ta* , *ta-té* , etc. - sont inestimables au début. Ils sont basés sur l'impression sensorielle et sont rapidement compris par les enfants. En prenant la noire comme unité de départ, on évite le plan démodé consistant à exalter la semi-brève, la note la moins utilisée en musique, à une place primordiale.

les Cinquante étapes du chant à vue de Somervell , la question du temps compliqué ne sera pas trop tôt imposée à l'attention des enfants. Les élèves formés sur d'autres systèmes se sont parfois révélés incapables de chanter des mélodies écrites dans un temps compliqué, même s'ils peuvent battre la mesure sur les notes, en donnant les noms de temps, sans erreur. La même chose se remarque dans leur travail instrumental. Cela est dû au fait qu'un côté de leur formation a été développé au détriment de l'autre : le temps au détriment du pitch. Il semble inutile d'enseigner à un enfant des valeurs temporelles telles que

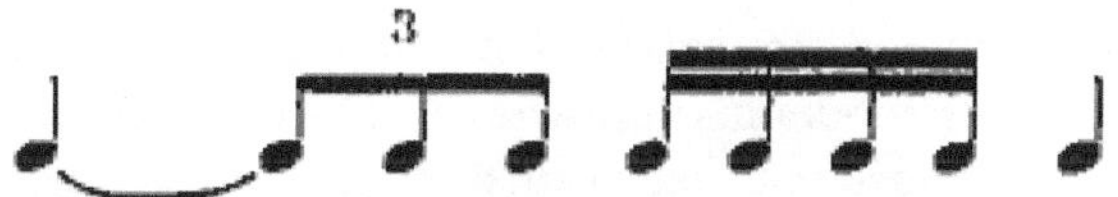

alors qu'il ne peut lire qu'à vue dans la tonalité de do majeur !

En faisant un exercice de chant à vue pour la première fois avec une classe d'un niveau élémentaire, la pratique suivante s'est avérée bénéfique :

1. Les enfants chantent l'air d'un bout à l'autre, sans s'arrêter, le professeur battant la mesure. Les erreurs sont ensuite signalées et les phrases difficiles pratiquées.

2. Les enfants se lèvent et chantent à nouveau la mélodie en continu, en battant la mesure.

3. Ensuite, les enfants se lèvent et chantent seuls, en battant la mesure. De cette manière, l'enfant apprend à connaître le son de sa propre voix et le maître peut corriger les défauts individuels d'intonation, de production vocale, etc. Certains enfants auront toujours tendance à crier lorsqu'ils chantent avec d'autres, en partie par enthousiasme et en partie parce qu'ils ne peuvent pas entendre leur propre voix autrement. Si cela est permis, la qualité du ton dégénérera rapidement et l'effet de l'ensemble du travail en classe en souffrira.

Rien n'est plus agréable que d'entendre de jeunes enfants chanter doucement et sans forcer leur voix.

CHAPITRE VIII

L'ENSEIGNEMENT DE LA DICTÉ

Tant que le travail effectué en matière de formation auditive en est aux stades très élémentaires, la meilleure forme de dictée sera :

1. Tests auditifs, composés de deux à trois notes à la fois, qui doivent être écrites en notation sur portée dès que possible.

2. Des tests de temps monotones, qui devraient être assez courts, car la répétition constante de la même note dans la hauteur est irritante pour les oreilles les plus sensibles d'une classe. Ce point est parfois négligé, de sorte que seuls les enfants les moins musicaux tirent un réel bénéfice des tests.

Au moment où les enfants pourront chanter à vue dans la tonalité de ré majeur, ils seront prêts à décrocher de la dictée de courtes phrases mélodiques dans le temps et l'accord. Un plan utile consiste à jouer la phrase trois fois, les enfants écoutant attentivement et battant la mesure. Ils doivent ensuite chanter la phrase une fois jusqu'à *lah* et l'écrire.

Cette méthode de dictée est plus satisfaisante que celle qui consiste à dicter une mesure à la fois, car elle attire l'attention sur l'ensemble des phrases musicales. Plus tard, il sera possible de dicter de la même manière des phrases de plus en plus longues. D'ailleurs, la mémoire est entraînée tout comme l'oreille.

La classe doit être habituée à écrire des phrases qui ne commencent pas nécessairement par le premier temps de la mesure. L'écriture manuscrite, la position exacte des altérations, etc., doivent être soigneusement surveillées. Avec les jeunes enfants, il est bon d'utiliser des livres manuscrits dont les lignes sont très espacées : la main d'un petit enfant se sent vite à l'étroit si on lui fait écrire dans un livre manuscrit ordinaire.

Lorsqu'une classe parvient à noter correctement des mélodies simples, il est temps de commencer un travail en deux parties. Au préalable, demandez à un enfant de jouer le do médian au piano, puis d'y combiner tour à tour chacune des notes de la gamme de do majeur. La classe décidera lesquels de ces accords à deux voix sont agréables à écouter. L'opinion est généralement unanime en faveur de la tierce, de la sixième et de l'octave, qui constitueront donc la base des premiers exercices de dictée à deux voix.

Beaucoup de pratique devrait être donnée sur des exemples isolés de ces accords, dans plus d'une tonalité, avant que la classe ne tente de combiner le temps et la mélodie. Lorsqu'ils sont prêts, le travail doit commencer par des phrases très simples, avec beaucoup de répétitions pour permettre une mémorisation rapide. Une étape ultérieure introduit l'utilisation de notes de passage. Il est préférable de rejouer d'abord l'exercice sans ces éléments, et une fois écrit et corrigé, de le rejouer en insérant les notes de passage.

Avant qu'une classe ait terminé les tonalités majeures, elle doit être prête à dicter des accords à trois voix. Comme les enfants sont habitués au son de l'accord de tierce à tous les degrés de la gamme, ce sera une expérience naturelle de jouer une combinaison particulière de tierces, arrivant ainsi à la triade. Après avoir joué sur tous les degrés de la gamme, on demandera à la classe de décider lequel de ces accords il serait bon d'apprendre à connaître en premier. Ils se souviendront que les trois premières tonalités dans lesquelles ils ont appris à chanter étaient do, sol et fa majeur, et proposeront donc de choisir les accords tonique, dominant et sous-dominant.

A ce stade il convient de préciser que toutes les notes de la gamme sont contenues dans l'un ou l'autre de ces accords. C'est une graine qui, bien plantée, suggérera plus tard les premiers principes d'harmonisation des mélodies.

Nous devons maintenant travailler soigneusement les trois accords. Commencez par les faire chanter à la classe en arpège et dans un rythme défini, afin d'obtenir de la précision. Chaque accord doit être chanté une fois très lentement, de manière à obtenir les notes correctement et parfaitement accordées ; puis deux fois plus rapidement, afin d'obtenir la sensation d'harmonie. Cette étape est inestimable dans ses résultats ultérieurs : on entendra souvent un enfant chanter différents accords en arpège, en cas de doute quant aux accords à utiliser pour harmoniser une mélodie.

Lorsque les trois accords primaires sont connus, les autres peuvent être ajoutés, ainsi que la septième dominante et les inversions, dans toutes les tonalités. Cette dernière étape ne doit pas être précipitée. La classe moyenne termine rarement les accords à trois parties en moins d'un an et, à moins de disposer de suffisamment de temps, des difficultés surgiront plus tard, lorsque les accords à quatre parties seront commencés.

Il ne suffit pas que les enfants soient entraînés à écouter les notes réelles d'un accord : ils doivent en ressentir l'effet mental, de la même manière qu'ils ont ressenti ces effets dans le cas des notes de la gamme.

Une étape ultérieure consiste à utiliser la position de l'accord dans une séquence. Par exemple, l'enfant se rend vite compte que de nombreuses phrases se terminent par la progression sous-dominante, dominante, tonique.

Venons-en maintenant à l'examen de la dictée d'accords à quatre voix. Il n'est pas nécessaire de les chanter en arpège. Comme première expérience, il sera nécessaire de jouer l'accord à la classe avec chaque note doublée tour à tour, afin qu'elle ressente la nécessité de doubler la meilleure note.

Cette expérience est très précieuse, car elle éloigne l'enfant de la sensation de crampe liée au respect d'une règle simplement parce qu'elle est mentionnée dans un manuel.

De nombreuses phrases avec les accords principaux en position fondamentale doivent être prises avant que les autres accords ne soient traités. Pendant au moins un an, la classe ne sera pas capable d' *écrire* une dictée en quatre parties ; le temps doit être consacré à l'identification des accords lorsqu'ils sont joués.

La forme chantée est la meilleure pour le travail élémentaire. C'est très simple et s'adapte à tout type de séquence. Les notes de passage, les appoggiatures, les suspensions, etc. doivent être évitées au début. Lorsque les accords diatoniques et leurs inversions seront connus, il faudra étudier les principales modulations. Il sera probablement nécessaire que l'enseignante rédige ses propres tests, car il existe très peu de livres de chant publiés contenant suffisamment d'exercices sur l'utilisation des accords les plus faciles.

La dernière étape de l'enseignement de la dictée est le traitement de ce que l'on peut appeler la « phrase mixte », c'est-à-dire au cours de laquelle le nombre de parties varie. C'est l'étape la plus difficile de toutes et elle demandera la plus grande patience de la part de l'enseignant. Mais à ce moment-là, les enfants auront commencé certains des travaux pratiques au piano décrits dans le chapitre « L'enseignement de l'improvisation et de l'harmonie », ce qui les aidera à reconnaître facilement la dérive de la phrase mixte.

CHAPITRE IX

L'ENSEIGNEMENT DE L'EXTEMPORISATION ET DE L'HARMONIE

Dans les premiers temps, l'art de la mélodie s'est développé avant celui de l'harmonie. Le même plan doit être suivi dans l'éducation musicale générale de l'enfant.

Comme tout enfant possède une voix, mais n'apprend pas toujours un instrument, il est clair que la formation musicale fondamentale doit être dispensée par l'usage de la voix. La première étape consistera à apprendre à chanter à vue et à décrocher des mélodies faciles sous dictée. Parallèlement à ce travail, il faut apprendre à l'enfant à improviser des mélodies et à les chanter.

Les tout petits enfants prendront plaisir à compléter une phrase musicale dont les premières mesures leur ont été données. La procédure sera la suivante :

1. L'enseignant écrit deux mesures en do majeur, temps [2/4], au tableau.

2. La classe le chante deux fois, en utilisant d'abord les noms Sol-fa pour les notes, puis en chantant sur *lah* .

3. Il est ensuite demandé aux volontaires de compléter la phrase en ajoutant deux mesures supplémentaires. Les enfants les plus musicaux de la classe répondront immédiatement et leurs efforts attiseront l'ambition des autres. Il s'agira bientôt d'emmener les enfants à tour de rôle, quelques-uns à chaque cours, tant ils seront avides de « s'exprimer » en mélodie.

Il est important de ne pas trop critiquer ces premiers efforts. Ce qui est important, c'est d'amener les enfants à ne plus se sentir gênés : une variété de schémas mélodiques et de rythmes suivra assez rapidement.

L'étape suivante consistera pour deux enfants de la classe à improviser toute la phrase entre eux, l'un prenant les deux premières mesures et l'autre les deux dernières. La tonalité et la durée doivent être variées autant que possible : des tonalités espacées de quarte ou de quinte doivent être utilisées successivement, sinon les enfants supposeront qu'ils peuvent chanter n'importe quelle mélodie dans n'importe quelle tonalité, ce qui n'est évidemment pas le cas. Une mélodie chantée en do majeur, qui utilise le do médian et le fa aigu, ne peut pas être chantée dans la tonalité de sol majeur avec la voix de l'enfant.

La classe trouvera désormais assez facile d'improviser l'intégralité d'une phrase de quatre mesures. Des suggestions peuvent être faites par l'enseignant, telles que :

"Commencez au troisième temps de la mesure."

« Introduisez deux triolets au cours de la phrase », et ainsi de suite.

Lorsque cela leur deviendra facile, ils seront prêts à commencer des mélodies de huit mesures. Dans un premier temps, le professeur donnera les quatre premières mesures et différents membres de la classe termineront la mélodie. Des modulations devraient maintenant être introduites. La même procédure que précédemment doit être suivie, jusqu'à ce que n'importe quel enfant de la classe soit capable de donner l'intégralité d'un air, dans n'importe quelle tonalité, à n'importe quel moment, et avec une modulation donnée.
Vient ensuite le morceau de seize mesures, dans lequel au moins une modulation doit être introduite. Un bon plan est de commencer par la forme simple bien connue :
I. Quatre mesures à la cadence [6/4] [5/3].
2. Quatre mesures à la modulation principale.
3. Répétez les quatre premières mesures.

4. Quatre mesures jusqu'à la fin.

Trois enfants peuvent être utilisés pour cela, de la manière suivante :

Le premier enfant chante les quatre premières mesures, le deuxième continue jusqu'à la fin de la huitième mesure, puis le premier enfant répète ce qu'il a chanté et un troisième enfant termine. Cela constitue une excellente pratique, en particulier pour le premier enfant, qui apprend vite à se limiter à une simple ouverture, car il faudra la retenir et la répéter plus tard.

La mémoire joue un rôle bien plus important dans le pouvoir d'improvisation que beaucoup de gens ne le pensent, et si cette étape du travail préliminaire est consciencieusement franchie, les résultats seront abondants plus tard.

Nous arrivons maintenant à l'étape importante de l'improvisation au piano. Il faut rappeler que le travail d'entraînement auditif a posé une base très approfondie de la connaissance des accords, qui a conduit à la capacité d'écrire des accords sous dictée et de les chanter en arpège.

Le premier exercice consistera à jouer un accompagnement tonique et dominante très simple au piano, tandis qu'une mélodie est improvisée à la voix. Il y a là beaucoup plus de variété possible qu'il n'y paraît à première vue. Par exemple, la séquence d'accords peut se dérouler de l'une des manières suivantes, entre autres :

je   V   je   V   je   je   V   je

                        }

je   je   V   je   je   je   V   je

je   je   je   V   je   je   V   je

je   V   V   je   je   je   V   je

Ceux qui ont étudié l'algèbre élémentaire reconnaîtront une application simple de la théorie des permutations !

Il est intéressant de constater la facilité avec laquelle les enfants réaliseront cet exercice, s'ils ont été soigneusement entraînés à tous les travaux précédents. Les étudiants adultes sont généralement beaucoup plus lents que les enfants, en partie parce qu'ils ont tendance à être gênés et à s'inquiéter du son de leur voix, etc. Mais l'enfant habitué à chanter à vue et à improviser avec la voix devant une classe n'est pas le moins du monde gêné qu'on lui dise d'aller au piano et de combiner une mélodie chantée avec un simple accompagnement au piano. Au début, il y aura une tendance à restreindre les mélodies aux notes réelles des accords toniques et dominants, mais avec un peu de pratique, passer des notes, etc. sont bientôt ajoutés, et de petits airs gracieux en résulteront.

L'exercice suivant consiste à utiliser trois accords, tonique, dominant et sous-dominant ; la mélodie, comme auparavant, étant chantée. A ce stade, il est judicieux de laisser le travail de dictée en classe prendre la forme de phrases qui peuvent s'harmoniser avec ces accords, afin d'habituer les enfants à les utiliser. Cela donne une pratique inestimable sur les premiers principes de l'harmonisation des mélodies et devrait précéder tout traitement formel du sujet.

Un autre exercice utile à ce stade consiste à laisser les enfants ajouter une deuxième partie, soit au-dessus, soit en dessous d'une phrase mélodique donnée. Ce sera la base de travaux ultérieurs en contrepoint formel.

La classe est maintenant prête pour le traitement des modulations au piano. Si le travail préliminaire en cadences, septièmes dominantes, etc. a été consciencieusement réalisé dans toutes les tonalités, il n'y aura aucune difficulté à improviser une mélodie chantée, qui module, et à y ajouter un simple accompagnement au piano.

D'autres accords peuvent désormais être ajoutés, et les enfants seront prêts à improviser de courts airs, entièrement au piano, sans l'aide de la voix. Pour certains, cela peut paraître plus facile que d'accompagner la voix, mais l'expérience a prouvé le contraire. L'enfant est tellement habitué à utiliser la voix qu'il sera d'abord enclin à considérer toute mélodie comme vocale, et sera un peu troublé lorsqu'on lui demandera de ne pas penser à la hauteur de la voix.

La discipline de ces premières restrictions est évidente et ne peut être surestimée. Cela supprime totalement le style « air d'hymne » des premières compositions, qui constitue un piège pour de nombreux amateurs.

Parallèlement à ce travail, il est conseillé d'amener la classe à improviser des chants, sous les mêmes restrictions que celles imposées aux mélodies, c'est-à-dire qu'ils commenceront par utiliser uniquement les accords toniques et dominants, puis ajouteront la sous-dominante, et ainsi de suite. Le double chant donnera la possibilité d' introduire plus d'une modulation à la fois. Cette œuvre ouvrira la voie à des basses chiffrées et à une harmonie plus formelle. Les enfants apprendront à éviter les quintes et les huitièmes consécutives car ils en remarqueront progressivement la laideur, ce qui semble être un meilleur plan que d'apprendre à les éviter en « règle ».

Il y a une référence intéressante aux méthodes d'enseignement de l'harmonie dans le mémorandum sur la musique du Board of Education, publié en 1914.

L'écrivain dit :

«On ne saurait trop insister sur le fait que la méthode actuelle d'enseignement de l'harmonie, selon laquelle les élèves apprennent à résoudre les accords sur papier à l'œil nu, indépendamment du fait que 99 pour cent. d'entre eux ne réalisent pas que le son des accords qu'ils écrivent n'a aucune valeur musicale.

« Dans aucune autre langue que celle de la musique, il ne serait toléré que les règles théoriques de la grammaire et de la syntaxe soient si complètement séparées de la littérature réelle dont elles sont dérivées, que l'élève n'ait jamais perçu qu'il y avait une relation quelconque entre eux.

« Un autre résultat très courant de la négligence des bases auditives pour l'enseignement de l'harmonie est que les étudiants qui peuvent réussir un examen difficile et écrire correctement à l'œil nu un exercice d'harmonie avancé sont souvent tout à fait incapables de reconnaître cet exercice qui leur est joué au piano. , ou encore d'écrire les notes, hors mesure, d'un hymne ou d'un air qu'ils ont connu toute leur vie.

L'ensemble du chapitre de ce mémorandum mérite d'être lu.

Les dernières étapes de l'enseignement de l'improvisation consisteront à :

1. Exprimer une idée donnée sous forme musicale, par exemple une marche ou une gavotte.

2. Improviser sur un thème donné.

Bien que ces dernières étapes puissent paraître hors de portée de l'enfant moyen, l'expérience a prouvé qu'il n'en est pas ainsi, à condition que le travail préalable ait été soigneusement noté et qu'aucune des premières étapes n'ait été omise ou précipitée.

CHAPITRE X

L'ENSEIGNEMENT DE LA COMPOSITION ÉLÉMENTAIRE

Un musicien avisé a attiré l'attention sur le fait que la musique a une fonction éducative plus importante que n'importe quelle langue étrangère, étant une langue commune pour l'expression des émotions, de la puissance imaginative et du sentiment rythmique. Il a ajouté que, comme formation, elle est utile dès les premières années et pour toutes les classes de la communauté.

Si nous sommes d'accord avec ce point de vue - et il est encourageant de constater le nombre croissant de ceux qui le font - nous devons organiser l'éducation musicale des enfants de manière à ce qu'un moment vienne où ils soient prêts à « s'exprimer » en musique dans le même manière dont ils peuvent s'exprimer dans leur langue maternelle.

Un chapitre précédent de ce livre a traité de l'enseignement de l'improvisation, d'abord traité comme une expression vocale, puis comme instrumentale. Lorsqu'une classe d'enfants est parvenue au stade où ils sont capables d'improviser un air de seize mesures, dans n'importe quelle tonalité et dans n'importe quel temps, et d'introduire des modulations données, ils sont tout à fait prêts à commencer l'étude plus formelle de la composition et à s'initier au dans les mystères de la forme. Jusqu'à présent, les expériences de la classe dans cette direction ont été pour la plupart spontanées ; l'enseignant a, en matière de scénographie, laissé le plus de liberté possible à l'enfant qui improvise, mais le moment est désormais venu d'ouvrir une nouvelle « fenêtre » dans son esprit.

Un exposé préliminaire devrait être donné sur la nécessité de la forme en musique. Il faut souligner que nous ne pouvons être intelligibles sans elle, qu'il ne suffit pas de disposer d'une langue ; nous devons avoir *une forme* pour transmettre nos idées aux autres. L'enfant doit comprendre que les grands artistes de tous les arts sont soumis à la même nécessité que le plus jeune débutant en composition. L'inspiration doit être incarnée sous une forme définie, sinon d'autres ne peuvent pas partager la vision de la beauté.

Pendant un certain temps, l'enfant doit maintenant apprendre à choisir une forme musicale, puis à choisir une pensée musicale qui puisse s'y exprimer convenablement. Cela semblera un processus exigu après la liberté d'improviser, mais l'enfant qui aime le travail se soumettra volontiers à la discipline. On ne saurait trop souvent faire comprendre au jeune enseignant que les enfants dans leur ensemble *aiment* la discipline. Ils méprisent ceux qui y sont indifférents et se soumettent volontiers à ceux qui l'attendent, pourvu qu'ils se sentent sûrs d'une sympathie sous-jacente.

Les premiers cours de forme doivent consister en l'analyse d'airs simples, de préférence du type Folk Song. Les formes connues sous le nom de AB, ABA et les variantes qui en dérivent seront expliquées, et la classe écrira des exemples de chacune, d'abord sans harmoniser les mélodies, mais ensuite en le faisant. Les anciennes formes de danse seront alors reprises. A ce stade, il est absolument nécessaire que ceux de la classe qui sont musicaux et qui souhaitent consacrer un peu plus de temps à la musique, suivent un cours d'harmonie et de contrepoint stricts ; un temps infini sera perdu s'ils ne le font pas. Le travail sera beaucoup allégé en raison des bases déjà posées, car, sans le savoir, les enfants font depuis quelque temps un petit contrepoint libre, lorsqu'ils ajoutent des parties vocales à une mélodie donnée, et leur connaissance de l'harmonie pratique les rendra plus faciles à réaliser. leur permettre de prendre de nombreux raccourcis dans le travail formel.

Les formes de danse, accompagnées de fugues très simples et d'études contrapuntiques, ainsi que de quelques exercices « libres » de chansons et de courtes pièces, seront ce que la majorité des enfants parviendront dans l'étude de la composition. Mais il y en aura toujours quelques-uns dans chaque classe qui seront désireux et capables d'aller plus loin et de commencer l'étude de la forme sonate. Pour ces enfants, et certainement pour tous les professeurs de musique, il ne peut y avoir de meilleur manuel que *la Forme Sonate de Hadow*, publiée dans la série Novello Primer. Ce livre est souvent décrit comme « plus passionnant qu'un roman » ! Les Tableaux d'harmonie et de contrepoint de Somervell sont également très précieux et éviteront la nécessité d'un manuel sur ces sujets, du moins pour le débutant qui travaille sous direction.

Il y a un fait curieux qui concerne tous les enfants, sauf les plus musicaux, lorsqu'ils commencent à *écrire* des airs de leur propre composition. Ils font des erreurs qu'ils n'ont jamais commises en *improvisant* le même type de morceau. Cela semble provenir du fait qu'ils se sentent soudainement gênés : ils ont plus de temps pour réfléchir lorsqu'ils écrivent que lorsqu'ils chantent ou jouent, et sont enclins à composer une mesure à la fois plutôt que phrase par phrase. Ils produiront un air de sept mesures — ils se termineront sur un temps faible — ils s'arrêteront complètement au milieu d'un air de huit mesures sur l'accord tonique, racine en haut — la dernière moitié de l'air sera n'a rien à voir avec la première mi-temps. On pourrait écrire une page de leurs éventuelles erreurs !

Le remède à ces erreurs est d'insister pour que les airs soient chantés avant d'être écrits. La vieille habitude inconsciente s'affirmera alors et les petites mélodies prendront forme.

C'est une leçon utile que d'amener une classe à critiquer tous les airs originaux joués par le jeune compositeur. D'une part, les critiques de nos contemporains ont souvent plus de poids que celles de nos aînés ; d'autre part, la pratique éveille la faculté critique et apprend aux enfants à écouter attentivement, car ils n'ont pas sous les yeux la mélodie écrite.

Après un peu de pratique, les enfants feront de très bonnes critiques. Ils remarqueront des points tels qu'un système de tonalités faible, une répétition excessive de la mélodie principale, une modulation maladroite, une fin banale, une séquence trop laborieuse, une tendance à emprunter des idées aux autres, etc.

Cette formation leur sera de la plus grande valeur possible plus tard dans la salle de concert. Comme l'a dit un jour un écrivain du *Times* :

« Les impressions vagues que beaucoup de gens emportent de la salle de concert seraient remplacées par des expériences précises.

« L'analyse mentale n'est bien sûr pas l'objet principal de l'écoute de la musique, mais elle constitue une aide très puissante à la pleine appréciation. C'est l'incapacité à percevoir une quelconque relation définie entre les parties et le tout qui déconcerte tant de gens et les fait sortir de la salle de concert en faisant remarquer qu'ils ne peuvent pas comprendre la musique « classique ».

CHAPITRE XI

L'ENSEIGNEMENT DE LA TRANSPOSITION

Un grand nombre de musiciens ne prendront pas au sérieux le sujet de la transposition, car ils n'ont aucune idée des lignes sur lesquelles travailler. Ils conviennent tous que ces connaissances leur seraient très utiles, notamment du point de vue de l'accompagnement des chants, mais le chemin semble semé d'embûches et les résultats de leurs premiers essais sont si pitoyablement petits qu'ils en général abandonnez tout espoir et tout effort. Là encore, certains livres publiés sur le sujet ne sont pas très utiles à l'étudiant moyen. Certains d'entre eux semblent partir de l'hypothèse que l'élève est très musical et peut faire beaucoup de choses par instinct. Ils ne donnent donc que les indications les plus grossières. D'autres commencent assez raisonnablement, mais laissent de côté tellement d'étapes du travail qu'on peut pardonner à un étudiant de les avoir abandonnées par désespoir.

Il y a trois raisons principales pour lesquelles le musicien ferait bien d'étudier la transposition :

1. Aux fins d'accompagnement de chansons.

2. Pour aider à mémoriser la musique, en particulier celle écrite sous une forme où différentes tonalités sont utilisées pour la présentation du même matériel.

3. Comme test infaillible d'une bonne éducation musicale « générale ».

Cette dernière raison n'est pas souvent invoquée, mais un peu de réflexion montrera qu'il est impossible à l'étudiant moyen, peu doué en aucune façon, de transposer même un morceau de musique facile à vue au piano, sans prouver la possession d'un une oreille exercée et une connaissance de l'harmonie pratique. Pour le travail en classe avec les enfants, cela peut constituer un test de progrès encore plus précieux. Car l'enfant moyen sera tout à fait incapable de transposer un simple test auditif - tel que *dfmlstd* - sur le piano, d'une touche à l'autre, disons à la quinte, sans une bonne dose de connaissances précises.

Les premiers exercices de transposition seront très simples : tout enfant de sept ou huit ans, capable de chanter à vue et de passer des tests d'oreille, dans les tonalités de do et de sol majeur, pourra les faire. Ils consistent à :

1. Chanter n'importe quel air d'hymne bien connu ou une mélodie simple du type Folk Song, en utilisant les noms Sol-fa des notes. Il doit être chanté phrase par phrase, jusqu'à ce que chaque enfant de la classe soit sûr des bonnes notes.

2. Les enfants doivent maintenant se rendre tour à tour au piano et jouer chacun une phrase de la mélodie, d'abord en do majeur, puis en sol.

Il est important de souligner le fait que la mélodie doit leur être bien connue, sinon une difficulté supplémentaire sera introduite.

Au fur et à mesure que les enfants apprennent de plus en plus de tonalités, ces airs doivent y être transposés.

Dans la mesure où la classe ne se compose pas d'enfants musiciens sélectionnés, il y en aura toujours quelques-uns qui n'apprendront pas le piano. Ce travail sera l'une de leurs occasions d'en apprendre un peu plus. Des résultats intéressants ont été obtenus avec ces enfants, si l'enseignant est enthousiaste et prêt à aider.

Au moment où la classe aura commencé l'étude des accords à trois voix, la transposition deviendra de plus en plus intéressante, car des séquences d'accords peuvent désormais être transposées. Lorsque les premiers pas d'improvisation au piano commencent, la transposition avance à pas de géant. Les enfants seront ravis de jouer leurs petits accompagnements toniques et dominants dans toutes les tonalités — pour passer de la majeure à la tonique mineure en aplatissant la tierce et parfois la sixième de la gamme.

Il y a un sentiment de liberté et de pouvoir dans un tel travail, auquel la classe répondra volontiers. Ils se rendent vite compte que certaines mélodies « ne sonnent bien » que dans telle ou telle tonalité, et ainsi jettent les bases d'un « sens des couleurs ». En outre, outre la question de savoir dans quelle tonalité une mélodie sonne le mieux à un enfant, un autre point entre en ligne de compte. L'enfant ne peut pas chanter certaines notes dans certaines mélodies à moins de respecter une certaine gamme de tonalités. Cela leur apprend quelque chose. Ce point a été évoqué dans le chapitre précédent.

Au total, on voit que l'étude de la transposition leur ouvre une nouvelle fenêtre sur le pays féerique de la musique.

Plus tard, lorsqu'un enfant pourra composer lui-même de courts airs harmonisés, il sera bon de brandir l'idéal de pouvoir les transposer dans n'importe quelle tonalité, et dans certains cas, où la mélodie se prête au traitement, du majeur au mineur, et vice versa. Ce travail doit bien sûr être volontaire, mais un enfant est bien récompensé lorsqu'il découvre que seul le premier pas coûte cher, et que le deuxième de ces airs est tellement plus facile à transposer que le premier !

Et le moment vient où un enfant s'assiéra au piano et improvisera tout à fait allègrement soit en fa majeur, soit en fa[#] majeur, selon ce qui lui sera proposé. Un tel travail vaut bien tous les efforts entrepris au départ : il s'agit d'un processus combiné d'écoute et d'esprit qui a un effet éducatif de grande portée.

La dernière étape de ce travail consiste à transposer à vue à partir de la page imprimée. Jusqu'à présent, l'oreille et l'esprit ont été principalement employés, mais maintenant l' *œil* doit être entraîné à faire sa part.

Il s'avère utile de faire prononcer à haute voix les noms des accords aux enfants lorsqu'ils commencent ce genre de transposition. L'habitude établit, d'une manière curieuse, un lien entre les différentes facultés utilisées. L'œil peut aider en notant les intervalles entre les notes successives dans les différentes parties, et notamment dans les parties extérieures. Il voit la dérive générale du morceau avant que l'esprit n'entre en jeu – les modulations à venir, etc. En fait, il n'est pas exagéré de dire qu'il est préférable, dans certaines phrases musicales, de s'appuyer uniquement sur l'œil, par exemple des passages décoratifs rapides, qui ne sont pas toujours faciles à analyser au premier abord.

Un mot d'avertissement doit maintenant être donné. Ceux qui tentent des « raccourcis » dans cette œuvre connaîtront certainement un échec, à moins qu'ils ne naissent avec la faculté – possédée sans doute par quelques-uns – de pouvoir transposer par une sorte d'instinct. Ces personnes ont de la chance, mais notre tâche actuelle n'est pas de tenter de les guider. Nous nous préoccupons de l'enfant moyen, scolarisé dans des classes assez nombreuses, dans le cadre du programme scolaire ordinaire, et avec seulement un temps très limité à notre disposition.

CHAPITRE XII

CONSEILS GÉNÉRAUX POUR SUIVRE UNE LEÇON DE FORMATION OREILLE

Tous ceux qui enseignent la formation auditive doivent tenir un livre dans lequel ils écrivent d'un côté le plan de travail proposé pour chaque leçon et de l'autre le travail effectivement effectué. Toutes sortes de choses peuvent arriver au cours de la leçon et bouleverser le schéma proposé. Les enfants peuvent trouver le nouveau travail plus facile ou plus difficile que prévu, une question d'un enfant peut soudainement révéler un morceau d'ignorance qui nécessite une digression - chaque enseignant est conscient des «quantités inconnues» dans le travail en classe. Si le plan de travail proposé n'est pas vérifié par ce qui est fait dans chaque leçon, des difficultés surgiront plus tard.

Encore une fois, chaque leçon doit former un lien précis entre les leçons passées et futures. Un enseignant faisant preuve d'initiative est souvent tenté d'attirer l'attention sur un nouvel aspect du sujet, auquel il se trouve particulièrement s'intéresser à un moment où l'ouvrage antérieur n'est pas en état d'être laissé, même pour deux ou trois leçons. Quelque chose lui fait comprendre cela, et la nouvelle œuvre est abandonnée à la hâte – suspendue dans les airs, pour ainsi dire – et n'y est plus évoquée jusqu'à ce qu'un accident la lui rappelle. Un tel enseignement a certainement le charme de la nouveauté pour une classe, mais nous devons nous rappeler que l'un des défauts de l'enfance est une volonté excessive de transmettre rapidement pour apprendre « quelque chose de nouveau » avant que le travail précédent ne soit assuré.

En suivant une leçon, l'enseignant doit s'efforcer de parler avec sa voix ordinaire. Les personnes inexpérimentées s'imaginent parfois qu'il faut crier lorsqu'on parle dans une salle assez grande. Mais pourvu que la voix soit claire et l'articulation bonne, une voix basse porte aussi bien qu'une voix forte et produit certainement un plus grand sentiment de repos.

Un autre défaut à éviter est la monotonie du ton : nous avons besoin de « modulations » autant dans la parole que dans la musique, et une classe y est vivement, bien que souvent inconsciemment, sensible. Un changement de position est utile. La voix de la maîtresse s'éclaircira aussitôt si elle descend de l'estrade et marche un peu. Mais elle ne doit jamais tourner le dos à un cours lorsqu'elle lui dit quelque chose. Les musiciens, qui n'ont pas la même expérience dans ces domaines que l'enseignant ordinaire, le font constamment et cachent même la plus grande partie d'un tableau noir lorsqu'ils montrent les notes d'un air.

Au début d'une leçon, l'effort maximum sera obtenu si le travail en commun est placé avant l'individu, c'est-à-dire chanter à vue avant la dictée, improviser, etc. La raison en est évidente, un certain élan est ainsi généré, ce qui est impossible plus tard, lorsque la force a été diffusée.

Avant qu'un air ne soit chanté à vue, la classe doit l'analyser, en donnant la tonalité, la signature rythmique, la note de départ, les modulations, les séquences, la construction générale, etc. Rappelez de temps en temps aux enfants que le dernier dièse d'une signature donne le *te* dans une tonalité, le dernier bémol le *fah* ; que lorsqu'on module vers la tonalité dominante le *fe* de la première tonalité devient le *te* de la seconde, en passant d'une tonalité à sa sous-dominante *taw* devient *fah*, pour le mineur relatif *se* devient *te*, *et pour le taw* relatif majeur devient *soh*. De plus, si dans une tonalité mineure *taw* se produit dans un passage de gamme ascendante, ou est pris ou quitté par saut, c'est le signe d'une modulation vers la majeure relative.

Au début de la mélodie, l'accord tonique est joué et l'enseignant bat une mesure entière, ainsi qu'une fraction de la suivante si la mélodie commence sur un contre-temps, avant que la classe ne la reprenne.

Ne pas *taper sur* le temps en battant : cela cultive une habitude d'inattention de la part d'une classe. L'enseignant ne doit pas non plus battre la mesure lorsque la classe le fait, sauf pour un instant, pour corriger une erreur. L'une des raisons à cela est que si la signature rythmique est autre que [2/4] ou [6/8], le bras de l'enseignant bouge dans certains temps dans une direction différente de celle de la classe qui lui fait face, ce qui est très déroutant.

Ne corrigez jamais une erreur en chantant vous-même la bonne note. Ce serait un enseignement par imitation – comme nous apprenons à un oiseau à chanter un air – et non par une méthode.

N'oubliez pas que nous ne visons pas la performance artistique dans un cours de chant à vue, alors ne martelez pas un air jusqu'à ce que l'interprétation ait atteint votre idéal. Si vous le faites, votre objectif est la « performance » et non le chant à vue.

Si un enfant fait une erreur de dictée, ne lui dites pas ce qui ne va pas, sauf si vous manquez de temps. Demandez-lui de chanter la phrase qu'il a écrite aux noms de Sol-fa : de cette façon, il découvrira sa propre erreur.

En écrivant des notes, soit au tableau, soit sur du papier manuscrit, il n'est pas nécessaire de remplir tout l'espace entre les lignes, comme cela se fait dans la musique imprimée. Si les enfants sont autorisés à faire cela, ils passeront beaucoup de temps à faire leurs exercices. Apprenez-leur à *relever* toutes les queues de notes écrites sur des lignes ou des espaces en dessous de la troisième ligne, et *à les baisser* pour celles qui sont au-dessus. La direction des queues de notes sur la troisième ligne elle-même dépendra du contexte.

Ces indications font bien entendu référence à l'écriture de mélodies. Il est souvent nécessaire de rappeler, même aux étudiants adultes, que les altérations doivent être placées *avant* la note affectée et non après ; aussi qu'un point après une note écrite sur une ligne doit apparaître sur l'espace immédiatement au-dessus, et non sur la ligne elle-même. Les enfants oublient souvent que la note principale d'une tonalité mineure comporte invariablement une altération.

Il faut maintenant parler un peu du sujet de la révision. C'est le tort de la jeune enseignante qu'elle néglige souvent complètement cela, avec pour résultat que sa classe ne peut chanter correctement qu'à vue et dicter dans la dernière tonalité apprise. Durant les premières leçons dans une nouvelle tonalité, il est certainement déconseillé de donner des exercices dans les précédentes, car toute l'attention doit être concentrée sur la nouvelle tonalité. Mais les autres clés doivent être prises au moins une fois toutes les trois semaines. Une personne impatiente dira peut-être : « Mais des enfants bien instruits ne pourraient pas oublier si tôt ! Pourtant, parfois, nous sommes tous flous sur presque tous les sujets, mais cela ne veut pas dire que nous soyons ni idiots, ni mal instruits : nous sommes simplement humains ! Après tout, les machines tombent en panne, alors pourquoi pas la machine la plus compliquée de toutes : l'esprit humain ?

Encore une fois, seuls les enseignants inexpérimentés pensent que leur classe a été mal enseignée par leur prédécesseur. De nombreux étudiants en formation sont enclins, après le premier cours avec une nouvelle classe, à arriver à la conclusion distrayante que les enfants ne savent « rien ». Cela signifie généralement qu'après les vacances, les travaux antérieurs nécessitent une petite révision avant de commencer de nouveaux travaux.

Lorsqu'il suit un cours assez avancé, un professeur est souvent inquiet car il n'y a pas assez de temps dans une seule leçon de quarante minutes par semaine pour aborder tous les sujets tels que les accords, les cadences, l'improvisation, la transposition, etc., en plus de la vue. chant et dictée. Cela est certainement tout à fait impossible à réaliser, et c'est l'une des raisons de la lenteur apparente des progrès. Mais il y a cependant un bon côté à la difficulté, car un tel travail ne doit pas être précipité, et il est bon de laisser un peu de répit entre les références à ce sujet.

On entend parfois les enseignants regretter la bonne humeur de leurs classes, qui conduit à l'agitation. Mais nous ne devrions jamais regretter *la force* chez un enfant, et nous devons comprendre que toute force refoulée a besoin d'une soupape de sécurité. Il doit être de notre devoir de diriger cette force vers des canaux sûrs. Gardez les enfants très occupés, donnez-leur beaucoup de choses à faire et vous n'aurez aucune raison de regretter leur vitalité.

CHAPITRE XIII

L'ENSEIGNEMENT DU PIANO

Il est impossible, dans le cadre d'un chapitre, de se contenter d'insister sur quelques points pratiques liés à l'enseignement et à l'organisation de ce travail dans une école. Comme nous l'avons dit dans le chapitre précédent, l'idéal pour tous les jeunes enfants qui s'apprêtent à apprendre le piano est de suivre d'abord un court cours d'entraînement auditif. Si cela est réalisé, les progrès réalisés au cours de la première année seront environ trois fois supérieurs à ce qu'ils seraient autrement. Si l'entraînement de l'oreille se fait dans le sens suggéré dans les chapitres précédents, l'enfant aura appris à chanter à vue des mélodies faciles, il aura abordé la question du temps à travers les noms de temps français, il aura appris à battre rythme avec le rythme du chef d'orchestre, pour retrouver les notes du piano et, ce qui est plus important, pour connaître ces notes par le son, par rapport aux notes fixes.

De cette manière, certains des processus par lesquels un enfant commence à apprendre le piano sont suivis un par un, en compagnie d'autres enfants, et ne sont donc pas précipités.

Lorsque le moment est venu de commencer le piano, l'enfant doit intégrer une *classe* dédiée pendant un an. Une telle classe ne devrait pas dépasser le nombre de six. Pendant ce temps, elle ajoutera à ses connaissances les premiers principes du doigté, jouera des exercices faciles pour les doigts, le poignet, etc., et apprendra quelques morceaux et duos faciles.

Dès le début, on lui apprendra à analyser un morceau avant de commencer à le jouer : elle en connaîtra la tonalité, la mesure, les cadences, les séquences, les passages d'imitation, les modulations, etc. Si la mélodie est à la portée de la voix de l'enfant, il la chantera alors en battant la mesure. Après ces préliminaires ce n'est plus qu'une question de technique pour apprendre à en jouer. La dernière étape consistera à apprendre le morceau par cœur. Il est loin le temps où pouvoir faire cela était considéré comme un signe de don musical exceptionnel. Tous les enseignants expérimentés savent que, pour peu qu'un enfant ait l'oreille entraînée par une méthode telle que celle suggérée ci-dessus, il peut apprendre un morceau de musique par cœur presque entièrement sans le piano. C'est-à-dire qu'au lieu des répétitions fastidieuses qui étaient autrefois nécessaires avant de pouvoir jouer un morceau par cœur, il est possible, dès que la technique est maîtrisée, et dans bien des cas avant cela, d'apprendre le morceau hors du piano. . L'avantage est évident, et les nerfs, tant du joueur que des auditeurs réticents, en sont gagnants.

Un peu de réflexion montrera qu'il ne devrait pas être plus difficile pour des enfants ordinaires d'apprendre ainsi un morceau de musique par cœur que pour eux d'apprendre par cœur un morceau de prose ou de poésie. Les premières étapes sont exactement les mêmes : il faut connaître la langue, et c'est alors une question de mémoire, et de mémoire seule. Qui songerait à apprendre la poésie par cœur en la répétant à voix haute cent fois ou plus ? C'est pourtant ce qui se faisait autrefois dans le cas de la musique.

Il y a soixante ans, aucune fille n'était considérée comme instruite si elle ne savait pas jouer un peu du piano. Depuis, une réaction a commencé à s'installer. Le niveau de jeu s'est élevé à tel point qu'on entend souvent les parents dire que leur enfant n'est pas assez musical pour que cela vaille la peine de lui apprendre un instrument. Cela est bien dommage. La musique est tellement utilisée dans notre vie quotidienne que nous ne pouvons pas nous passer de nos « artistes moyens ». Le soldat marche mieux au rythme d'un air, le marin lève l'ancre au son d'un chant, le rituel de toutes les formes de religion a besoin de l'aide de la musique ; nous en avons besoin, non seulement dans le faste de nos processions, mais dans les crises solennelles de la vie et de la mort. Pour cela, des artistes de premier ordre ne sont pas nécessaires.

Chaque enfant, même apparemment peu musical, devrait avoir sa chance, au moins jusqu'à l'âge de douze ans. Pendant ce temps, l'accent doit être mis, pour l'enfant non musical, non pas tant sur la perfection de la technique, mais sur la capacité de jouer très bien des morceaux faciles et de lire à vue des choses telles que des duos, des accompagnements de chansons, etc.

Si les enfants participent en outre à un cours de formation auditive, ils seront en tout cas, toute leur vie, des auditeurs intelligents des jeux des autres.

Pour tous les enfants, la lecture à vue devrait faire partie non seulement de chaque leçon, mais aussi de la pratique quotidienne. De nombreux livres de lecture à vue ont été publiés, bien notés, certains commençant par de petits morceaux en clé de sol seulement, et allant jusqu'à des tests avancés. En voici quelques-uns, sélectionnés parmi de nombreux autres excellents :

Schäfer (3 vol., publié par Augener).

Hilliard (5 vol., publié par Weekes).

Somervell (2 vol., publiés respectivement par Augener et Weekes).

Taylor (1 vol., publié par Bosworth).

Comme un enfant aura besoin de plusieurs de ces livres au cours de ses études et qu'il ne pourra pas rejouer deux fois le même test, il a été prévu dans certaines écoles que la musique soit vendue d'occasion d'un élève à l'autre. par l'intermédiaire d'une maîtresse, à la manière dont se transmettent parfois les manuels scolaires ordinaires. Cela réduit les dépenses liées à l'achat constant de nouveaux livres pour la lecture à vue. Un autre plan est de créer une bibliothèque de prêt, chaque enfant devant payer 2 *d.* ou 3 *jours.* un terme.

Dans l'enseignement des « morceaux », les maîtresses de musique doivent garder à l'esprit que les enfants doivent, de temps en temps, réviser ceux qu'ils ont terminés. Rien n'est plus irritant pour un parent que de se faire dire par un enfant qu'il n'a « rien à jouer » à un visiteur. La maîtresse qui souhaite faire entrer un élève le plus rapidement possible néglige souvent ce point et donne aux parents une impression totalement fausse des progrès de l'enfant.

Nous arrivons maintenant à la question épineuse de l'interprétation de la musique par les enfants. Un point intéressant peut être noté concernant la pratique des premiers compositeurs classiques. Ils avaient l'habitude de donner le minimum d'indications quant au tempo et aux détails généraux pour l'exécution de leurs œuvres.

Et à quelle conclusion cela nous amène-t-il ? Sûrement cela – que ces géants de la musique ont reconnu la nécessité pour chaque interprète de leurs œuvres de s'exprimer *à* travers la musique, sous réserve des conditions générales fixées par le compositeur. Comme le disait Hegel : « La musique est le plus subjectif de tous les arts. » Et n'est-il pas vrai que c'est cette nécessité constante d'interprétation personnelle, si fortement ressentie par la majorité des artistes, qui donne l'intérêt permanent à la musique ?

Nous disons « par la majorité des artistes », car nous rencontrons de temps en temps un artiste qui semble s'être éloigné du chemin de la beauté et qui consacre ses énergies à une détermination ascétique pour maintenir vivante une interprétation particulière de l'œuvre d'un compositeur. , ou fonctionne ; qui dicte ces interprétations à ses élèves et qui parle d'autres artistes qui ressentent le devoir impérieux de s'exprimer à travers lesdites œuvres comme des « étrangers », et « non-cultes ». De tels musiciens ne semblent pas comprendre qu'une telle attitude relève de l'idolâtrie pure et simple. Ils n'ont pas réfléchi à l'anecdote bien connue de Brahms, qui, lorsqu'un chanteur lui demandait si son interprétation d'une de ses chansons était « la bonne », répondit : « C'est une des centaines d'interprétations possibles ».

Il faut maintenant dire un mot sur l'organisation du travail instrumental à l'école. Il est important que cela soit entre les mains d'une seule personne, qui non seulement surveillera les questions de méthode, de choix de musique, de durée des leçons et de pratique, etc., mais qui mettra également au point des moyens de tester les progrès. des élèves chaque trimestre, de la même manière que leurs progrès sont testés dans d'autres matières. Les progrès de chaque élève ne devraient pas être un secret entre elle et sa maîtresse !

C'est une bonne idée d'organiser chaque trimestre dans une école un court récital au cours duquel vingt à vingt-cinq élèves devraient jouer à la fois. Ces récitals ne doivent pas durer plus d'une heure et quart. Rien n'est plus ennuyeux pour un étranger que d'écouter des spectacles amateurs qui durent deux et parfois trois heures. Si le plan ci-dessus est adopté, aucun enfant ne pourra jouer plus d'un morceau court. Une maîtresse ambitieuse du succès de quelques élèves particulièrement doués suggérera parfois qu'un récital consistera en l'exécution de deux ou trois d'entre eux seulement, et que chaque élève jouera plus d'une fois.

De telles suggestions devraient être désapprouvées.

Ce que nous voulons, si nous visons un but éducatif, ce n'est pas tant donner aux quelques enfants musiciens d'une école l'occasion d'acquérir de l'expérience en jouant en public et indirectement de montrer leurs progrès à un public admiratif, mais nous voulons donner à chaque élève en musique la même chance.

Tous les enfants ont besoin d'expérience avant de pouvoir jouer avec les autres de manière à non seulement se rendre justice à eux-mêmes, mais aussi à donner du plaisir à ceux qui les écoutent.

Les pièces jouées lors de tels récitals doivent toujours être écrites par cœur. L'élève nerveux risque peut-être de s'effondrer dès sa première apparition, mais il sera rapidement remplacé par un joueur plus confiant, la petite victime des « nerfs » sera vite oubliée et l'expérience ainsi acquise est inestimable.

Avant un récital, une répétition doit avoir lieu dans la même salle où doit avoir lieu le récital. Peu de gens semblent se rendre compte de l'immense différence que représente pour les enfants un changement d'environnement à un tel moment. L'élève qui jouera son morceau au piano sans une faute de sa maîtresse et dans la pièce à laquelle elle est habituée, sera souvent gênée de la jouer sur un autre piano et dans une autre pièce.

Un jour, un enfant s'est effondré lors d'un récital en soirée et, lorsqu'on lui a demandé la raison, il a déclaré : « Je n'ai jamais joué ce morceau auparavant avec une bougie près de moi et je n'aimais pas les ombres sur le piano.

Ce genre de remarque donne un véritable aperçu de l'esprit de l'enfant.

Un autre petit point peut être évoqué. Dans les leçons qui précèdent un récital, la maîtresse doit se rendre au fond de la salle où se donne la leçon, pendant que l'enfant joue son morceau de récital, afin que sa présence de soutien auprès de l'enfant ne puisse pas manquer au récital.

Le récital sera probablement suivi d'une forme d'accueil par les autorités scolaires des parents d'élèves. Aucun enseignant ne devrait manquer cette occasion de faire connaissance avec les parents de ses élèves. Une discussion amicale sur les progrès ou l'absence de progrès d'un enfant se traduira souvent par une aide sympathique à la maison et, dans tous les cas, l'enseignant apprendra probablement quelque chose sur le caractère et l'environnement familial de l'enfant qui l'aidera. dans son travail.

En partie par manque de temps, et en partie parce que certaines pièces ne seront pas prêtes, un certain nombre d'enfants ne pourront pas jouer au récital scolaire. Ces enfants devraient être réunis à la fin du trimestre et jouer avec la maîtresse qui organise le travail. De cette façon, eux aussi acquerront de l'expérience et leur travail sera un peu concentré.

Nous devons ajouter une dernière suggestion. Chaque maîtresse de musique devra tenir un registre dans lequel elle note non seulement les noms de ses élèves, les heures de leurs leçons, leurs absences, leurs retards, etc., mais une liste exacte de tout le travail fait par eux, avec les dates. C'est un outil inestimable, non seulement pour évaluer leurs progrès, mais aussi pour connaître rapidement leur travail en littérature musicale. C'est vrai, hélas ! une journée d'examens, et avec les nombreux petits livres d'études et de pièces qu'il faut préparer pour les examens extérieurs, on craint sérieusement que l'éducation systématique d'un enfant en littérature musicale classique ne soit interrompue, ou, en tout cas, mise à l'écart. d'un côté pendant un certain temps. Un tel livre permet à la maîtresse d'avoir en vue un plan de travail précis pour chaque élève, et plus la maîtresse est occupée, plus elle aura besoin d'une telle aide pour sa mémoire.

L'élève doit également tenir un registre dans lequel elle note le temps exact qu'elle consacre quotidiennement à la pratique et la manière dont elle le répartit. Ce livre devra être apporté à chaque cours de musique, et devra également être montré à la maîtresse d'école à la fin de chaque trimestre.

CHAPITRE XIV

SUGGESTIONS AUX ÉTUDIANTS À LA QUITTE D'UN DÉPARTEMENT DE FORMATION

En terminant un programme de formation dans le sens que nous avons envisagé, il est bon d'avoir une vue d'ensemble de ce qui a été fait.

Dans tout travail communautaire, les résultats se répartissent en gros sous deux rubriques :

1. L'acquisition de nouvelles idées et de nouvelles façons de présenter les anciennes idées.

2. Le développement du caractère, dû au mélange avec les camarades et avec ceux qui dirigent l'œuvre.

En ce qui concerne les travaux proprement dits, l'accent a été mis sur les points suivants :

1. La nécessité de considérer la musique comme un langage.

2. Diverses méthodes d'enseignement conformes à cette idée.

3. Le principe de l'inclusion de l'œuvre dans le programme scolaire régulier des écoles, avec traitement en classe.

Dans le court espace d'une année, qui est tout ce dont peut généralement disposer l'étudiant, il lui est impossible de se rendre compte de la portée complète de tout ce qui a été fait. Ce n'est que lorsque l'on considère ces travaux en perspective, après un certain laps de temps, lorsqu'il a été possible d'élaborer à loisir quelques-uns des points pratiques impliqués, que l'on peut percevoir tout le chemin parcouru.

De nombreux élèves ont éprouvé au début de grandes difficultés à faire eux-mêmes ce qu'ils ont vu faire des enfants formés dans ce sens, c'est-à-dire écrire des exercices en deux, trois ou quatre parties sous dictée, transposer à vue, improviser sans hésiter au piano, etc. Le sentiment de travailler contre la montre, d'examens à réussir, de découragement face à des progrès apparemment lents, a peut-être produit un état d'indigestion mentale, et le seul remède à cela est le Temps, le médecin universel.

L'étudiant est désormais sur le point d'entrer dans une nouvelle sphère de travail. L'instrument a été affûté. Comment orienter la candidature ? Un mot d'avertissement s'impose. L'enseignante jeune et enthousiaste, fraîchement inspirée par une année de travail avec ceux qui s'intéressent à son développement, a trop souvent tendance à être trop rigide dans l'imposition d'une nouvelle présentation d'idées.

"Par ici, ou pas!" est son cri.

Or, tout travail éducatif solide doit posséder une qualité intrinsèque de souplesse : il doit croître, s'étendre et être capable de se développer de cent manières. De petits points de méthode doivent être adaptés à chaque classe et à chaque élève, et une reconnaissance généreuse des parties utiles des « méthodes » des autres sera le moyen le plus sûr d'obtenir la reconnaissance de nos propres idéaux. À condition de maintenir une attitude ferme sur l'essentiel, il est souvent possible de faire des compromis sur des détails mineurs. Il faut avant tout préserver une ouverture d'esprit en présence de conseils, même inexpérimentés. Beaucoup de jeunes enseignantes ont échoué dans leur premier poste parce qu'elles ont donné l'impression à ceux qui détenaient l'autorité qu'il n'y avait qu'une et une seule façon de faire leur travail - un et un seul schéma possible de division des classes. et les heures de cours.

Un arrangement très éloigné de l'idéal doit souvent être accepté, avec une protestation courtoise, mais il sera assurément modifié plus tard par les autorités lorsque l'enseignant aura gagné la confiance en suscitant l'intérêt et l'enthousiasme des élèves, et en montrant de bons résultats dans l'enseignement. cours.

Chaque nouvelle présentation de chaque matière dans le programme scolaire n'a-t-elle pas été accueillie au début par le même chœur de dépréciation ? Pourquoi la musique, la dernière matière inscrite au programme régulier, devrait-elle connaître un sort différent ?

N'oubliez pas que le directeur d'une école doit souvent garder à l'esprit non seulement ses idéaux en matière d'éducation, mais aussi les souhaits de l'instance dirigeante et des parents.

Une brève démonstration d'un travail effectué dans des conditions imparfaites jettera souvent une lumière éclatante sur les objectifs d'un enseignant enthousiaste, qui a lutté dans un environnement difficile. « Je ne savais pas que vous faisiez tout *cela* avec les enfants » a été le commentaire admiratif de plus d'un ancien critique antipathique, et les conditions sont immédiatement modifiées dans un esprit généreux.

Avant tout, la jeune enseignante doit se rappeler qu'il est primordial de ne pas perdre son enthousiasme pour le travail. Elle doit se tenir au courant en étant en contact avec la vie musicale générale en dehors de son entourage immédiat. Elle devrait appartenir à une société musicale et saisir toutes les occasions d'assister à des conférences, etc. Elle devrait organiser des clubs musicaux et des rencontres entre ses élèves et encourager une saine attitude de critique bienveillante.

Et enfin, elle doit toujours travailler à quelque chose qui a trait à sa propre musique, car dès qu'elle cessera de se mettre, de temps en temps, dans l'attitude de l'apprenant, elle cessera d'être un professeur sympathique et stimulant.

C'est une bonne idée de tenir un journal musical dans lequel sont consignés nos propres progrès et ceux de nos élèves, ainsi que des notes sur les événements musicaux actuels - les concerts auxquels nous avons assisté, etc. Un tel enregistrement est très utile comme référence et comme encouragement dans les heures sombres, lorsqu'il semble impossible de rétablir un sens des proportions perdu.